Strade blu

Frankie hi-nrg mc

FACCIO LA MIA COSA

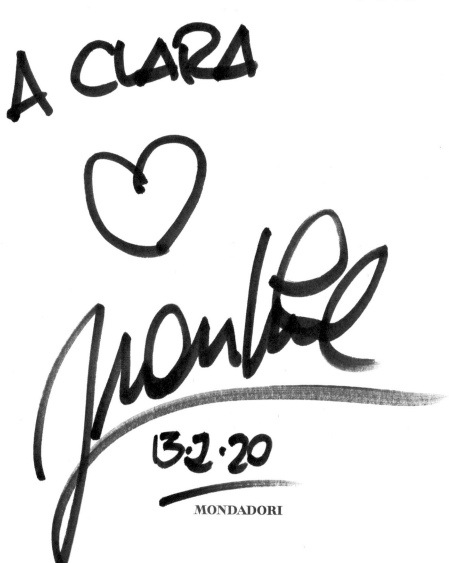

A CLARA

13·2·20

MONDADORI

La copertina di *Fight da Faida* a pag. 224 è riprodotta su gentile concessione di
IRMA Records srl. Disegno di Igor Castiglia.
Per l'immagine a pag. 227 © Igor Castiglia per gentile concessione dell'autore.

www.frankie.tv

librimondadori.it
anobii.com

Faccio la mia cosa
di Frankie hi-nrg mc
Collezione Strade blu

ISBN 978-88-04-71233-6

© 2019 Mondadori Libri S.p.A., Milano
Pubblicato in accordo con MalaTesta Lit. Ag. Milano
I edizione aprile 2019

Anno 2019 - Ristampa 1 2 3 4 5 6 7

Faccio la mia cosa

A chi mi ha donato il proprio tempo.

1

Sono nato a Torino il 18 luglio 1969.

I miei genitori sono Germana e Giovanni, entrambi torinesi, anche se la famiglia di mamma ha lontane origini liguri, mentre quella di mio padre è di Monreale, Palermo.

All'epoca della mia nascita i miei abitano ad Anagni, in provincia di Frosinone, perché da qualche anno Giovanni, ingegnere elettronico del Politecnico, lavora presso la neonata Videocolor, fabbrica di cinescopi. Il cinescopio è lo schermo-a-tubo-catodico, quella parte dei vecchi televisori su cui si forma l'immagine, il bottiglione di vetro con i contatti elettrici: mio papà li progetta.

Mamma è una casalinga, ma è stata insegnante di italiano, storia e storia dell'arte, oltre a essere un'egittologa. Non immaginatevi Lara Croft, ma Germana è sempre stata una fonte inesauribile di informazioni di ambito umanistico, così come Giovanni per le discipline tecniche: direi due fanta-genitori.

Il ginecologo che segue la gravidanza che mi vede coprotagonista è a Torino e, quando la performance entra nelle fasi finali, mamma lascia Anagni per farsi ricoverare in clinica, mentre papà resta a lavorare in azienda, pronto a scattare verso nord al primo agitarsi delle acque.

Le comunicazioni e i trasporti non sono rapidi e capillari come oggi e infatti quel venerdì, mentre mamma e io ci si dà da fare per iniziare questa storia, papà si trova in ufficio: un appunto sulla sua agenda celebra l'evento.

Nasco appena in tempo per vedere l'uomo camminare sulla luna (o per vedere il mio primo Kubrick, a seconda delle opinioni) e ne sono inconsapevole testimone nella camera in cui è ricoverata Germana, che chiaramente ha un televisore. Ogni infermiere, paziente, medico, congiunto e portantino è nella stanza, stipata di persone all'inverosimile, ma io non ricordo nulla: Tito Stagno, il piccolo passo per l'uomo, il LEM, niente. Va detto che sono abbastanza distratto dalle tette di mia mamma e, in mezzo a quel marasma di gente, spero di essere stato l'unico.

L'esigenza di storicizzare i grandi accadimenti è sempre stata forte nei miei genitori; fino alla fine ritaglieranno articoli di giornale, da allegare a libri che trattano i medesimi argomenti e, nonostante siano lettori de "La Stampa", quando morirà Berlinguer compreranno "L'Unità" con lo specifico obiettivo di conservarla, per tramandarla ai posteri (cioè a me), come una sorta di reliquia laica.

Figuratevi se un evento come l'allunaggio non avrebbe scatenato Giovanni alla ricerca di un adeguato cimelio con cui trasferirmi materialmente la conoscenza storica di un simile avvenimento...

Purtroppo la tecnologia è quella della fine degli anni Sessanta e in edicola (l'internet di allora) non si trovano di sicuro dvd o vhs, anche perché l'unica soluzione domestica per i video è rappresentata dai filmini Super8. La risorsa più moderna che riesce a recuperare è lo speciale del settimanale "L'Europeo", corredato da un 45 giri intitolato *Una voce dalla luna*, a cura di Enzo Biagi e Sergio Zavoli, con la registrazione delle fasi salienti della telecronaca.

Sono al mondo da una settimana scarsa e già ho un disco tutto mio, che parla pure di viaggi spaziali: praticamente un disco volante.

I dischi sono un bene di consumo diffuso, non c'è famiglia che non abbia un giradischi e una manciata di 45 giri, così le classifiche raccontano bene la cultura di un Paese e, mentre in cima a quella americana troviamo *Sugar Sugar*, canzone interpretata da The Archies, band immaginaria protagonista dell'omonimo cartone animato (trent'anni prima dei Gorillaz), la hit parade italiana del 1969 è una compilation di classici: *Acqua azzurra, acqua chiara, Mi ritorni in mente, Un'avventura, Lisa dagli occhi blu, Ob-La-Di Ob-La-Da, Come Together*, due versioni di *Zingara* (al Festival di Sanremo ogni canzone è presentata in gara da due cantanti diversi ed entrambe le versioni di questo pezzo, rispettivamente di Iva Zanicchi e Bobby Solo, entrano in classifica), due versioni di *Je t'aime, moi non plus* (oltre all'originale di Serge Gainsbourg e Jane Birkin c'era anche la versione italiana di Giorgio Albertazzi e Anna Proclemer, *Ti amo ed io di più*, decisamente meno calda e con uno splendido Albertazzi che dice: "Ti lascio, ma poi torno, sai?" con un tono a metà tra il vecchio zio mandrillo e *Il silenzio degli innocenti*). Un'ottima annata per la musica, insomma.

Prima di poter mettere le mani su un mangiadischi tutto mio avrei dovuto aspettare ancora un annetto, ma Germana mi racconta che già nel '69 una canzone si impone come mia preferita, segnando permanentemente il mio gusto artistico: la hit di Vincenza Pastorelli *Volevo un gatto nero*.

2

Qualche mese dopo la mia nascita, a essere precisi il 20 novembre, un brano musicale rivoluzionario viene registrato qualche migliaio di chilometri più a ovest di Torino; uscirà come 45 giri l'anno successivo e sarà incluso in un album solo sedici anni più tardi. Nessuno nel 1969 può immaginare l'impatto che questo e altri dischi simili avranno sulla crescita e lo sviluppo di una bizzarra e variopinta creatura destinata a conquistare il mondo di lì a qualche anno: la creatura si sarebbe chiamata "hip hop" e uno dei geni alla base del suo DNA è *Funky Drummer*.

Il pezzo è di James Brown, *the Godfather of Soul*, e come molti suoi brani è una canzone con parti strumentali abbastanza estese, con una sezione di fiati (i JB Horns) e qualche intervento di voce e di organo da parte di Brown stesso, che si innestano su un giro ossessivo e trascinante di batteria suonata da Clyde Stubblefield: questo giro di batteria avrà una rilevanza fondamentale negli anni a venire e il termine "gene" per indicarne la consistenza storica non è scelto a caso.

Ma come è possibile che un qualche pezzo musicale possa influenzare in maniera profonda un intero altro genere, diverso e ancora da inventare?

La risposta si riassume nel termine "break", che definisce la porzione di un brano in cui non sono presenti né voci né strumenti diversi dalla batteria, che suona uno o più giri completi del ritmo della canzone.

Il break è un'esplosione di energia e rappresenta il fondamento della cultura hip hop, che di lì a pochi anni nascerà nel Bronx per merito di un ragazzino che partirà proprio dai break per inventare un nuovo modo di fare musica e che porterà al moderno approccio alla composizione.

Un ruolo importante lo avrà anche il "campionamento", una tecnica di composizione musicale che utilizza uno strumento elettronico (il campionatore) e consiste nel prelevare un frammento sonoro da una qualsiasi sorgente per riprodurlo identico (o alterarlo radicalmente) quante volte si vuole. È un po' il corrispettivo audio della fotocopia, che ci permette di "fotografare" un pezzettino di una canzone (per esempio un giro di batteria o una voce) e risuonarlo quante volte vogliamo, una dopo l'altra, come se si trattasse di piastrelle identiche che riportino un motivo grafico e che, una volta messe tutte in fila, diano l'impressione che il motivo grafico si sviluppi in un flusso unico, senza soluzione di continuità.

Nel 1969 ancora non esiste la "cultura del break", i campionatori sono appannaggio esclusivo di università, laboratori di ricerca e musicisti sperimentali molto, molto ricchi; bisognerà aspettare la metà degli anni Ottanta perché le tecnologie di campionamento diventino più accessibili ed economicamente abbordabili.

Tuttavia *Funky Drummer* è il primo esempio registrato in cui James Brown chiede esplicitamente alla band di smettere di suonare, lasciando da solo il batterista a continuare il giro, riconoscendogli un valore speciale in rapporto al resto degli strumenti e regalando alle future generazioni otto "piastrelle" nuove, pronte per essere moltiplicate, spezzettate e posate, a pavimentare i dancefloor di tutto il mondo.

FUNKY DRUMMER

Funky Drummer esce su disco 45 giri, diviso in "Part I" e "Part II" sulle rispettive facciate.

I dischi sono registrati in studio, con tutti i musicisti presenti, in un'unica sessione di registrazione "corale", spesso di improvvisazione.

Il pezzo è costruito su una *vamp*, ovvero un giro musicale continuo che la band esegue senza variazioni, attenta alle indicazioni che JB dispensa, con i singoli musicisti pronti a intervenire a ogni suo cenno. Le azioni che sto per descrivere, va detto, sono frutto di una mia interpretazione della registrazione: basandomi sul suono della voce che si avvicina e allontana dal microfono e sui cambi di dinamica della band, ho provato a dedurre i gesti dell'interprete dal carattere esplosivo, e tutto sommato mi sembra una ricostruzione plausibile.

L'inizio del brano è elegante, tiro impeccabile, il tema del testo è: "Attenti, giù le luci, chiamate la legge, il diavolo è in arrivo". JB parte magnifico, canta, passa all'organo dove fa tre giri bene, poi cerca una progressione nel quarto, la stecca quasi completamente, s'inventa una chiusura e ricomincia a cantare sul tema del pezzo. Tuttavia, nonostante il diavolo sia in arrivo, non succede molto altro. Si rivolge allora alla sezione fiati, i JB Horns, trio di macchine da guerra, chiedendo a Maceo Parker un *solo* di sax, ordinandogli: "*Bring on the juice, make me sweat*", tira fuori il meglio, fammi sudare! Boom. Vanno da dio, lui stesso dopo un po' sembra compiaciuto, "*It's still good*" dice, non bisogna interrompere, anzi, è il momento di "*turn over*", di prepararsi alla variazione: tutti pronti? Si parte, Brown ordina per tre volte: "*Take me in the chain*", quindi la band esegue la sua capriola e il pezzo riparte daccapo, paro paro.

Perfetto, abbiamo tre minuti e venti di puro *funk*: andiamo avanti. Riparte la vamp, con Maceo più protagonista e JB all'organo. A questo punto James, forse distratto da un pensiero estemporaneo o seguendo logiche di narrazione bizzarre, dà una svolta al testo e imposta la seconda strofa sul tema "*Tall women is all I need*", perché magari l'esigenza di avere solo donne alte è un bel tema da esplorare: abbozza due giri, ma non sembra molto convinto.

13

Torna all'organo, ma non è più frizzante come prima, ripete lo stesso accordo per alcuni giri, come sovrappensiero, poi si alza e si allontana. Alcuni membri della band lo interpretano come un segnale di fine e allentano la pressione, la dinamica scende, ma JB chiede ancora un giro, perché vuole dare al batterista un po' del "funky soul" che aleggia in quello studio, così la band riprende a regime.

Qui JB fa una cosa simile a quella che fece un paio di anni prima in *Cold Sweat*, durante la quale chiamò un *solo* dello stesso batterista Stubblefield, che lo eseguì magistralmente senza battere ciglio; tuttavia in *Funky Drummer* JB chiede specificamente al batterista di NON fare un assolo, ricco di variazioni e virtuosismi, ma di continuare a suonare ciò che in quel momento sta suonando, di non stravolgerlo perché è importante che resti così, perché questo è il break. È davvero convinto di quello che sta per fare, arrivando a dire di non modificare quel giro "*'cause it's a Mother*": perché è una Madre. Vuole che si senta e si ricordi che l'elemento fondante del funk è quel flusso di batteria su cui si innestano tutti gli altri strumenti, come se fossero percussioni: sta facendo scuola, sarà infatti questa la modalità di approccio compositivo di cui negli anni successivi si approprierà l'hip hop, utilizzando strumenti ibridi come SP-1200 ed MPC 60, a cavallo tra il campionatore e la batteria elettronica, con cui il giro di batteria diventerà lo scheletro su cui costruire il resto del pezzo.

JB vuole isolare il gene del *Funky Drummer* e per farlo dà altre istruzioni: "Quando conto fino a quattro voglio che tutti smettano di suonare, tranne il batterista, e quando conto di nuovo rientrate tutti". Inizia la preparazione dell'esperimento e, per usare parole sue, parte una scossa dal piede, che è dolce, poi sale sempre di più, lo sta quasi uccidendo e sta per scoppiare.

"*One two three four.*"

Diciotto secondi di break, immacolati.

A metà del giro JB inizia a dire: "*Ain't it funky?*", con il tono di chi l'ha sempre saputo e sta mostrando un'evidenza a degli scettici: ma non lo sentite quanto è funky?

Trascorse otto barre si sente un altro musicista chiamare la chiusura e tutti ripartono, JB all'organo torna a svisare con un sorriso largo così e si procede con minime variazioni verso il finale, dove stanco, ma soddisfatto, inventa il titolo per quella strana cosa che stanno finendo di registrare: "*The funky drummer, the funky drummer*".

Funky Drummer è un disco che già negli anni Settanta ogni dj deve avere, proprio per quel break di batteria, e con il passare del tempo e il progresso tecnologico diventerà l'ossatura principale di oltre millecinquecento canzoni, che preleveranno quel disegno ritmico per clonarlo, innestarlo e trapiantarlo, creando musica nuova e aggiungendo quel suo specifico carattere a composizioni originali, proprio come si fa con i geni. Quel carattere vivrà in canzoni di Run-DMC, Beastie Boys, Public Enemy, Dr. Dre, ma anche George Michael, Ed Sheeran, Nicki Minaj, Kylie Minogue. E pure nella sigla delle *Powerpuff Girls*: le *Superchicche*.

3

In questo primo spicchio degli anni Settanta abito ad Anagni con una Germana madre apprensiva e un Giovanni padre concentrato sulla propria carriera. Non ho molti ricordi, giusto io che "aiuto" papà a fare un aeromodello (di cui conservo ancora qualche pezzo), una gita a Fiuggi col nonno materno Gigi (roba di maneggio, pony e margherite raccolte insieme) e poco altro: l'ape Piaggio la chiamo "il chilollo" e la Citroën DS "Squalo" per me è il "Sitreón". Per il Carnevale dei miei due anni vengo vestito da *Brancaleone alle Crociate*, con spada e scudo di compensato realizzati e dipinti dall'Ingegnere e vestito cucito dalla prof. Bravissimi: al Comicon del '72 avrei spaccato.

Sono già affascinato dalla televisione: abbiamo un Voxon in bianco e nero (il fatto che l'apparecchio fosse fisicamente di questi due colori per un po' mi ha confuso), il quale impiega dieci minuti buoni ad accendersi e su cui sono avido spettatore di "Sapere" e "Orizzonti della scienza e della tecnica", sentendo da subito dinosauri e robot come una cosa mia.

Nell'epica familiare si tramanda di una mia gastroenterite tossica, culminata il giorno del mio primo compleanno, di come vengo festeggiato con una "torta" costituita da una pagnotta con su una candelina. Si narra anche di un fantomatico elicottero pronto a decollare per ricoverarmi con grande urgenza in qualche ospedale superattrezzato, e Germana descriverà sempre le mie condizioni con la frase: «Eri tutto grigio e rigido».

In pratica un misto tra *L'albero degli zoccoli* e *Zombie*.

Germana – e chi l'ha conosciuta lo sa bene –, nonostante il carattere brillante e spiritoso, al verificarsi di un problema è naturalmente incline alla drammatizzazione, trasformandolo in un fatto grave («Mamma, parcheggiando mi sono accorto di aver bucato», «Lo sai che hai rischiato di ammazzarti, sì?») e riuscendo a dipingere a tinte fosche anche la più frivola delle impasse. È grazie a questa sfumatura del suo carattere, unita alla straordinaria proprietà di linguaggio che l'ha sempre contraddistinta, che espressioni come "essere afflitto da un pallore cinereo" o "patire un intimo dolore ottundente" entrano quasi da subito nel mio lessico. Immagino che quel mio essere "grigio e rigido" risenta in qualche maniera della sua attitudine a rendere tutto più tragico, ma ogni volta che affronto il tema lei risponde: «Ma che dici, Francesco? Non mi credi? Eri così...». Poi inizia a vagare nella stanza facendo svolazzare un dito in aria, alla ricerca di qualcosa che abbia tra le proprie tinte quel punto di grigio, per indicarlo e provare la veridicità della sua versione, unica e santa: praticamente un Vangelo.

Bisognerà aspettare il 1982 per determinare che la mia condizione era stata identica a quella di E.T. quando sta per morire, cellophane a parte. E in effetti mamma, con quel dito, qualcosa di E.T. ce l'ha pure lei.

Nel 1972 Giovanni riceve una proposta di lavoro direttamente dall'ingegner Campioni della Indesit e ci trasferiamo tutti a Torino, in una bella casa in collina alla periferia della città, una villetta piantata nel centro di un giardino in leggera pendenza, al cui secondo piano abita la padrona di casa (con bassotto), mentre pianterreno e primo piano sono occupati da noi (con un esercito di quattordici gatti che scorrazza in giardino, ma di cui solo Pussy può entrare in casa).

Germana sente il bisogno di rendermi un interlocutore più di livello per lei e decide di applicare con me il metodo *Leggere a tre anni*, che consiste in una serie di cartelli, con stampate parole progressivamente più lunghe, da leggere, ma senza indugiare sull'associazione segno/suono, facendo sì che il tutto avvenga spontaneamente. Guai. Guai a insistere allo sfinimento su "C... A... S... A..." indicando le lettere e pretendere di associarle a singoli suoni: potrebbe generare un trauma e mandare tutto il lavoro a farsi benedire.

In pieno training giunge il Natale, con un carico di parenti meravigliosi, tutti entusiasti del fatto che io stia imparando a leggere e ansiosi di farmi entrare quanto prima nel mondo dei libri: quella sera qualsiasi oggetto abbia caratteri alfabetici stampati sopra diventa un supporto didattico, dalla prima pagina della "Stampa" alla scatola del pandoro, passando per la bottiglia dell'Elisir di Lungavita Schiapparelli, il tonico alcolico a base di erbe che una cugina spaccia a tutta la famiglia.

In mezzo a quella tempesta mediatica io grippo. Scoppio a piangere e concludo il tutto con una protesta urlata e poi a letto. Non ho ancora gli strumenti per mandare affanculo qualcuno, ma già ne sento l'esigenza.

Qualche mese più tardi, mentre Germana sta tirando in piedi una sartoria teatrale in casa, solo per cucirmi un costume da Arlecchino, tiro fuori la scatola col metodo, estraggo i cartelli e glieli leggo tutti, uno dopo l'altro. E iniziano ad arrivare i miei primi libri.

Sono anni felici, i due gemelli che abitano nel villino accanto, Paolo e Andrea, di qualche anno più grandi di me, sono davvero simpatici, si tirano delle pallonate pazzesche e alle volte rotolano in un bidone giù per la vicina scarpata: a me si apre l'universo della stupidità goliardica alla "Jackass" mentre a loro si apre la testa, picchiata duro contro qualche sasso: matte risa per tutti. Gioco anche parecchio da solo: ho una scatola di puzzle che monto a occhi chiusi, le costruzioni Lego e Plastic City (simile a Lego, ma non compatibile, realizzato dalla ItaloCremona), un domino di legno perfetto per costruire fortini, svariate macchinine, pastelli a cera, alcuni peluche (incluso un panda grande quanto me), un pugno di soldatini e un cassettone per contenere il tutto. I miei tre anni in quei cassetti ci stanno comodi. Ma il mangiadischi resta fuori, a portata di mano.

La sua dieta è a base di: Cochi e Renato, *E la vita l'è bela*, l'ascolto a nastro, è il mio primo vero tormentone (Jannacci fa bene ai bambini), poi lo Zecchino d'Oro (*La mucchetta colorata*, *La pulce*, *Quarantaquattro gatti*), le fiabe sonore (come audiolibri, le ho letteralmente squagliate) e una manciata di 45 giri che spaziano da Fabrizio De André ai cori di Natale russi, includendo Elena Melik, l'esperta di trucco di "Grazia" che ha realizzato un disco per insegnare alle lettrici come curarsi il maquillage a tempo di musica.

Il mio mangiadischi non vedrà mai i successi di questo 1973, *Pazza idea*, *Minuetto*, *Il mio canto libero*: belle, bellissime canzoni, tutti dei gran lenti, davvero distanti dall'energia che si sta per sprigionare da un condominio di New York.

4

Sei anni prima, nel 1967, un ragazzino giamaicano di dodici anni si è trasferito con la famiglia al 1520 di Sedgwick Avenue, nel South Bronx, uno dei quartieri più depressi di New York. Clive Campbell è alto e robusto, frequenta la palestra e gioca a basket: i suoi amici lo soprannominano Hercules, che di lì a poco lui stesso muterà in Kool Herc. È sempre stato un ottimo osservatore e frequentando le feste e i disco club si accorge di una cosa: quando il dj seleziona una canzone e si arriva al momento del break, alcuni gruppi di ballerini si scatenano e, per i pochi secondi in cui dura quel momento ritmico, diventano il centro dell'attenzione, per poi tornare a eclissarsi in mezzo alla folla nell'attesa del break successivo.

Kool Herc ha un'idea e sceglie di sperimentarla in un'occasione precisa, l'11 agosto del 1973, quando insieme alla sorella minore Cindy organizza una festa per guadagnare qualche soldo.

Affittano la sala ricreativa del loro condominio per venticinque dollari, comprano bibite e snack e stabiliscono un biglietto di ingresso di venticinque centesimi per le ragazze e di cinquanta per i maschi: di fatto una festina delle medie per ragazzini delle medie.

Herc porta il suo sound system, l'impianto, che nella fattispecie ha battezzato *The Herculords*, costituito da casse enormi, amplificatori, due giradischi e un mixer.

La pratica di utilizzare due giradischi e un mixer deriva direttamente dal mondo della radio e permette di suonare musica non stop, senza soluzione di continuità. Col tempo diventerà la dotazione minima di ogni dj.

Se ho solo un giradischi, arrivato alla fine della canzone devo alzare la puntina (interrompendo la musica), poi cambiare il disco, farlo ripartire e riabbassare la puntina.

Per ovviare all'inconveniente del vuoto sonoro ho bisogno almeno di un altro giradischi e di un mixer, cioè un apparecchio con una serie di manopole e di cursori per controllare il volume e le caratteristiche dei suoni provenienti da più sorgenti (giradischi, microfoni, registratori, campionatori, cd, computer ecc.) e miscelarli insieme. Così mentre il primo disco sta suonando posso preparare sul secondo giradischi la canzone successiva, arrivato verso la fine del disco 1 faccio partire il disco 2 e, mentre alzo il volume del disco 2, sfumo quello del disco 1 che è stato ballato finora e il gioco è fatto.

Tuttavia quel giorno Kool Herc non ha intenzione di offrire un dj set "classico", vuole mostrare al pubblico la sua nuova tecnica, un test dal vivo, ma (anche qui) senza immaginare minimamente l'influenza che quell'intuizione avrà sul futuro della musica.

Il ragionamento di Herc è semplice: se il pubblico impazzisce per il break di un pezzo, perché non saltare quelle inutili e noiose parti cantate per andare direttamente a quel punto speciale? E perché non selezionare solo dischi che abbiano un break potente e parti strumentali percussive belle lunghe?

Chiama la sua tecnica *Merry-go-round* (la giostra) e fa esplodere il party come non era mai accaduto prima. Inizia con *Give It Up or Turnit a Loose* di James Brown e non appena finisce il break passa subito a *Bongo Rock* della Incredible Bongo Band.

I ragazzi presenti impazziscono, non gli è mai capitato di avere a disposizione dei break così lunghi su cui ballare: non più momenti fugaci da cogliere al volo ogni quattro o cinque minuti di musica, ma una scarica di break senza soluzione di continuità, abbastanza ripetitiva, senza il pericolo di inciampare in una ballad o in una marcetta disco. Possono cimentarsi a lungo e sperimentare, hanno finalmente una musica *loro*, fatta di pezzi di musiche differenti, che usano come una palestra: il loro stile così unico e originale, proprio perché si esprime nel momento del break, Kool Herc lo battezza *breaking* e quei ballerini diventano per tutti b-boy e b-girl.

In questa incredibile festa di Herc e Cindy, attaccato al mixer c'è anche un microfono, utile per avvisare i ragazzi che le rispettive mamme sono arrivate a prelevarli: un amico di Herc, Coke La Rock, lo accende e inizia a incitare il pubblico a dare il meglio sulla pista, chiamando per nome i propri amici uno a uno e inventando brevi frasi in rima per sfotterli o esaltarli, tutto a ritmo sui break.

Due giradischi, un microfono, ballerini che girano sulla schiena: in quell'afoso pomeriggio estivo una manciata di ragazzini ha appena inventato l'hip hop.

5

È il 1974 e una domenica mattina mio padre mi dice di prepararmi per uscire, perché vuole portarmi a vedere una cosa strana. Le sortite domenicali con papà sono state sempre un nostro classico torinese, tanto nei due anni in cui ci vivo da bambino quanto nei successivi, durante le visite pasquali ai parenti. Invariabilmente il giro prevede un passaggio in piazza Vittorio a comprare la farinata da Michele o in piazza Carignano per il gelato di Pepino.

Quella mattina, invece, arriviamo in piazza C.L.N. (che sta per "Comitato di Liberazione Nazionale"), dove è radunata una piccola folla e il traffico viene deviato nelle strade laterali. Papà mi indica un locale sotto i portici, il Blue Bar, e mi dice: «Lo vedi? Quel posto in realtà non esiste». Stanno girando un film, mi spiega, e il set sul quale ci troviamo è quello di *Profondo rosso*. I miei sono entrambi appassionati di film dell'orrore (papà si trovava a New York per un viaggio di lavoro quando uscì *L'esorcista* e lui fu tra i primi a vederlo) e il capolavoro di Dario Argento lo vedrò in loro compagnia, ma solo anni dopo, quando già andrò in seconda media. Ci farò anche un tema a scuola e la professoressa Caiola mi correggerà l'uso della parola "squamata": «Vedi, Di Gesù, la pelle di una persona che viene immersa nell'acqua bollente può essere *a bubboni, squagliata, strinata*, ma non squamata: *chill' mica è nu pesce!*».

Sempre quell'anno mi regalano una Polaroid tutta mia.

La Polaroid è la prima macchina a sviluppo istantaneo a raggiungere il mercato di massa, forte del vantaggio di mostrare subito la foto stampata; un passo avanti non da poco in anni nei quali normalmente trascorrono intere settimane prima di poter vedere il risultato di uno scatto. Fare una fotografia negli anni Settanta non è semplice come oggi: bisogna innanzitutto avere una macchina fotografica, pesante e senza messa a fuoco automatica, nella quale va inserita una pellicola, a colori o in bianco e nero, tocca deciderlo prima e le foto si potranno vedere solo dopo aver esaurito tutti gli scatti a disposizione e consegnato la pellicola a un laboratorio fotografico.

Chi non è un fotoamatore tira fuori l'attrezzatura solo in occasioni speciali, come gite, compleanni e ricorrenze varie, in cui magari scatta poche foto, lasciando la pellicola a invecchiare nella macchina o aprendola per errore ed esponendo alla luce il rullino, bruciandolo completamente.

Fino al momento in cui non si ritirano le stampe non si sa quali immagini siano venute o meno, in parecchi casi non ci si ricorda proprio quali foto si siano scattate. Magari si scopre che in una festa si è improvvidamente lasciata la macchina fotografica incustodita e qualcuno deve averne approfittato, lasciando la propria impronta creativa, cogliendo un istante magico o regalando malizioso i propri soggetti scabrosi, con la tecnica del *Souvenir d'Italie*, meravigliosamente descritta da Mario Monicelli in *Amici miei – Atto II*.

Insieme alle stampe vengono sempre consegnati anche i negativi, indispensabili per fare delle copie. La regola aurea prevede che le stampe non vengano mai separate dai relativi negativi. MAI. Tuttavia, appena si varca la soglia di casa, la separazione è istantanea e i negativi diventano identici a tutti gli altri, accumulandosi in una busta anonima. Potrà capitare, rovistando in qualche scatola, di ritrovare una di quelle striscioline marroni trasparenti e, guardandola in controluce, si faticherà a capire che dietro quella faccia scura in realtà c'è il sorriso di nonna nel giorno del suo ottantatreesimo compleanno, e sarà bello e commovente. Poi, spostando lo sguardo sul fotogramma successivo, ci si abituerà alle immagini in negativo e occorrerà solo un istante per riconoscere il culo di Massimiliano, quello che faceva Lettere moderne, a quella famosa superfesta. E resteranno così, nonna e culo, eternati in una sequenza di celluloide.

In un'altra delle uscite domenicali con papà prendiamo la Fiat 500 che qualche anno prima ha regalato a mamma (gemella di quella che regala contemporaneamente a sua sorella Rosetta) e ci rechiamo su una terrazza panoramica dalle parti di Superga; lui mi mette in mano la Polaroid, mi spiega un'ultima volta come devo inquadrare e scattare e poi si allontana, fumando una sigaretta e mettendosi in posa. Questo è Giovanni. Ti metto nella condizione di fare, tu fai, vai e scopri quanto è bello scoprire, divertiti e se hai domande non esitare a farle, ma se non ne hai non esitare a fartene.

Sono sempre stati una strana coppia, Germana e Giovanni. Mamma lavorava al Museo egizio di Torino come ricercatrice e, dopo aver collaborato alla traduzione di alcuni papiri (i papiri!) e dei geroglifici di un paio di mummie (!!!), nel 1964 le si prospettò una grande opportunità: una straordinaria impresa stava per iniziare in Egitto e la sua presenza sarebbe stata utile in occasione della realizzazione della diga di Assuan, poiché quell'opera di ingegneria idraulica avrebbe completamente sommerso il tempio di Abu Simbel nel bacino risultante, e un progetto internazionale si stava muovendo per smontare pezzo a pezzo il tempio e ricostruirlo accanto a una collina fuori dal lago. Il tempio in questione è uno dei più grandi, maestosi e meglio conservati della storia, con quattro gigantesche statue di faraoni sul fronte e una rete di stanze che si propaga all'interno della montagna, fino al santuario. Grazie a un gioco di aperture, nel giorno del compleanno e dell'incoronazione del re Ramsete II (21 febbraio e 21 ottobre) il primo raggio di sole illumina il volto della statua del faraone. E questo più di tremila anni prima di Hollywood.

Immaginate Germana come poteva stare: non pensava ad altro, la prospettiva di partire era concreta e l'idea di andare a far pratica in uno dei cantieri più avveniristici di sempre la rendeva entusiasta. Giovanni un po' meno. Stavano insieme da qualche anno e il pensiero di vederla partire per andare in Egitto per alcuni mesi, con tutti quei cazzo di francesi... Insomma, era geloso ed era difficile dargli torto. Germana era una ragazza bella e intelligente, e Giovanni, per quanto nato a Torino, comunque siculo era. Pensò dunque di ricorrere a uno strumento agile seppur tradizionale per dirimere simili questioni: il ricatto. Così mise mia madre davanti a un aut-aut: «Scegli: o me o i faraoni».

Parecchi anni dopo, mentre una domenica pomeriggio

Germana transitava davanti al divano sul quale mio padre russava beatamente, me la ricordo canticchiare amara: «Eh sì, eh già, di mummia ce n'è una sola...».

6

Siamo ancora nel 1974 quando Giovanni riceve un incarico molto importante alla Indesit, ma si tratta di traslocare di nuovo e stavolta dovremo trasferirci tutti in Campania. L'ingegner Campioni in persona, uno dei tre artefici dell'industria dell'elettrodomestico italiano, lo ha incaricato di progettare, realizzare e dirigere lo Stabilimento 15 del polo produttivo che sta nascendo a Teverola, in provincia di Napoli, dedicato alla produzione dei suoi cinescopi in bianco e nero. Per una famiglia di tre persone, Caserta è la soluzione urbana migliore, meno caotica di Napoli ma sufficientemente fornita di servizi. Sono sgomento nello scoprire che di lì a qualche mese ci si sarebbe trasferiti vicino a Napoli, reduce in quei giorni dall'incubo del colera, perché va bene le cozze, ma a me l'idea pare comunque assurda e rischiosa. Tuttavia il mio pensiero risulta ininfluente ai fini della scelta e ci trasferiamo a Caserta, ospiti per le prime settimane al Serenella, un hotel sul vialone che parte dalla Reggia e va dritto, quello che nel progetto originale doveva essere una via d'acqua fino a Napoli, che avrebbe collegato i due palazzi reali, ma che oggi è solo uno stradone, tagliato brutalmente dalla ferrovia.

Il proprietario dell'albergo, Don Raffaele, ha perso entrambi gli avambracci un Capodanno di molti anni fa, festeggiando con i botti; io, che ho cinque anni, sono rapito nel guardare quell'uomo che ha due moncherini, nei quali riesce a inserire il manico di coltello e forchetta per cenare normalmente. Di fatto, Don Raffaele ha gli accessori, come i Playmobil o i Micronauti, solo che gli innesti non sono così eleganti e tecnologici, ma ricordano più l'osso che esce da un cosciotto di pollo, come lo disegnano nei fumetti: sembrano rudimentali protesi fatte di prosciutto, però funzionano.

Trascurando questi aspetti lieti, il periodo di soggiorno presso l'hotel è noiosissimo e dura finché non viene ultimato l'appartamento che i miei hanno scelto nel neonato Parco Gabriella, gioiello di edilizia residenziale alto-borghese che l'impresa Landolfi sta giusto completando.

Il Lotto B, quello in cui abito io, consta di sei edifici denominati "scale", dalla A alla F: io sto al quinto piano della scala F. Un appartamento meraviglioso, con stanze ampie, un salone di sessanta metri quadri e un terrazzo a vetri che corre lungo due lati: una casa che nel '74 costa quaranta milioni e nell'86 avremmo potuto rivendere per oltre quattrocento, se solo Giovanni lo avesse comprato, come Germana insisteva che facesse, ma in casa nostra l'idea di contrarre un debito è sempre stata un tabù. Al centro del ferro di cavallo che i palazzi descrivono c'è un giardino, con alberi ad alto fusto, che per la politica condominiale dell'epoca non può MAI essere calpestato. Su sessantasei appartamenti, secondo voi, quanti ragazzini ci saranno stati? Quel paradiso inviolabile è terreno di guerriglia costante, combattuta a colpi di cerbottane e dardi fatti in carta di giornale, così come il labirinto dei garage che si snoda sotto a tutto il complesso, che si aggiunge al parco, creando uno scenario naturale per interminabili giocate a nascondino. Sul tartan rosso brillante della strepitosa pista a U che corre intorno al giardino imparerò ad andare in bicicletta, e lì transiterò per i successivi dodici anni.

Nel settembre del 1975 inizio la prima elementare. La mia scuola è la Edmondo De Amicis, un vecchio e polveroso edificio ottocentesco, basso e largo, attiguo al parco della Reggia, la cui manutenzione languisce da almeno un paio di riforme scolastiche: le finestre del pianterreno sono ingentilite da Babbi Natale di ovatta e stagnola datati 1967. Le carte geografiche che mi accompagneranno durante l'intero ciclo delle elementari sono vecchie e lacere – su una Trieste non è manco italiana –, ma rappresentano le uniche decorazioni di quei muri, che incombono su banchi incisi e scheggiati e su cattedre traballanti. La palestra, in compenso, è bellissima, ma non la useremo mai, perché la ginnastica la facciamo tra i banchi. Un capitolo a parte lo meritano le porte dei bagni, completamente scritte e disegnate, grazie alle quali è sufficiente il tempo di fare pipì per apprendere tutto ciò che occorre sapere al primo appuntamento con una coppia di trans. I bagni sono dunque l'unico vero laboratorio di tutta la scuola. Ma vuoi per colpa di lettori troppo attenti, vuoi per la distrazione di autori intenti a completare l'opera, fatto sta che quei bagni sono dei veri cessi.

La mia uniforme si armonizza alla perfezione con l'ambiente circostante: grembiule nero, colletto bianco, fiocco arancione. Sembro precipitato in un film neorealista, vestito in quel modo, in quell'ambiente così deprimente; sarà il tempo a convincermi che la scuola sia stata intitolata a De Amicis più per fare *coming out* che altro.

L'anno prima sono stati varati i cosiddetti "decreti delegati", una serie di leggi e provvedimenti volti a modernizzare la gestione delle scuole ordinarie inferiori e superiori e, tra le varie disposizioni, è stato istituito il consiglio di classe, organo dei genitori presso l'assemblea d'istituto. È la prima volta che i genitori entrano ufficialmente nelle scuole, ma non ancora per picchiare gli insegnanti.

Mamma Germana, con l'indole da suffragetta che si ritrova, è immediatamente individuata da tutti gli altri genitori e nominata loro rappresentante. Lei, che ha sempre onorato gli impegni presi, sente subito la responsabilità del ruolo di cui è stata investita. Senza perdere tempo si documenta su tutto e per qualunque magagna ha presto pronto un dossier. Dovendo notificare le posizioni del comitato dei genitori sugli innumerevoli disagi che affliggono la scuola, sceglie uno stile di comunicazione di basso profilo: dopo una spesa tattica in cartoleria e, dopo aver trascorso alcune serate con pennarelli e righello, una bella mattina tappezza la lunga, lunghissima cancellata prospiciente la scuola con una serie di *dazebao*. *Dazebao* è una parola cinese che significa "poster-giornale", un manifesto su cui sono riportati per iscritto informazioni e proclami, reso popolare dalla rivoluzione culturale maoista. Il giorno stesso il direttore della scuola entra in aula e si dirige verso la mia maestra (una deliziosa vecchietta che ci ripete spesso: «Non dite a casa cosa succede qui dentro!»), si inginocchia davanti a lei e prendendole la mano le dice tutto serio: «Non si preoccupi: la difenderò io da quella terrorista della Di Gesù».

Che bello! Tornato a casa ho un nuovo vocabolo di cui chiedere il significato a mamma.

Passerà qualche anno prima di scoprire, grazie alla confidenza di un dirigente di polizia, che pure la Digos aveva una mezza idea di farle due domandine...

7

Intanto, dall'altra parte dell'oceano, in un condominio nel Bronx non distante da casa di Kool Herc, un ragazzino di dodici anni sta realizzando un mix tape, una cassetta mixata secondo gli standard di ripresa audio possibili, ovvero registrando su un ghetto blaster (quelle radione enormi che pesano come una Panda, ma sono duecento chili di batterie e tre etti di plastica) piazzato davanti alle casse dell'impianto a tutto volume. Nel 1975 Theodore Livingston ha la passione per la nascente arte del deejaying, ma non ha ancora a disposizione una definizione così elegante per quello che gli sta capitando: lui, appena il fratello esce, si impossessa del suo impianto e inizia a sparare musica a cannone.

Da un po' i vicini si lamentano per il casino che arriva tutto il giorno dal loro appartamento, in un quartiere in cui dover cambiare casa potrebbe significare la disfatta completa. Quel pomeriggio la madre non ne può più, sbotta e spalanca la porta della stanza investendolo di parole. Theodore appoggia immediatamente la mano sul disco che sta andando e, mentre la madre continua a inveire contro di lui, lo muove avanti e indietro sotto la puntina, come quando ci si prepara per lanciarlo; poi, finita la sfuriata, abbassa un po' il volume e finisce di registrare il nastro. Riascoltandolo resta incantato dai suoni che ha prodotto e la sua attenzione è tutta lì, su quel graffio che segue i movimenti a tempo con la sua mano, rendendosi conto del fatto che in questo modo si può letteralmente "suonare" un disco. Quel pomeriggio Grand Wizzard Theodore e la sua incazzatissima madre inventano lo scratch.

Un amico del fratello, Joseph Saddler, immigrato barbadiano con la stessa attrazione per la musica, elettricista diplomato che ha studiato Kool Herc e che considera Theodore un enfant prodige, s'innamora del suo scratch e di un'altra sua virtù: il *needle drop*, ovvero la capacità di appoggiare la puntina esattamente all'inizio di un break. L'approccio scientifico che Saddler mostra da subito lo porta a far compiere un balzo in avanti alla tecnica, rendendo molto più rapido il lavoro coi dischi, tanto da meritarsi il soprannome di Grandmaster Flash, perché lui con quelle mani è davvero un fulmine.

Per prima cosa si procura un mixer: il meglio che riesce a recuperare è uno per microfoni, da lui stesso modificato aggiungendo un paio di "accessori" che diventeranno degli standard per tutti i mixer da dj fino ai giorni nostri.

MIXER

La fondamentale intuizione di Flash è di individuare nel mixer lo strumento chiave del dj, apportandovi però un paio di aggiornamenti mutuati dalla radiofonia: il preascolto e il crossfader. Il preascolto non è altro che un piccolo circuito con un pulsante che dà la possibilità al dj di ascoltare in cuffia un disco che gira su un giradischi diverso da quello che il pubblico sta sentendo in quel momento: non era presente nei mixer in circolazione, anche perché lo stile dell'epoca prevedeva di suonare i dischi dall'inizio del brano e dunque non c'era l'esigenza di individuare un punto preciso. L'altra modifica, il crossfader (letteralmente "sfumatore incrociato"), è un cursore con movimento destra-sinistra che miscela due canali, cioè abbassa il volume del disco di destra mentre alza il volume del disco di sinistra, e viceversa. Permette di fare con un solo dito quello che i dj facevano con due mani.

Queste due innovazioni consentono all'arte del dj di fare un salto indescrivibile, il corrispettivo dell'invenzione dello scalpello per la scultura, trasformando "quello che mette i dischi" in "quello che suona i dischi", che nell'hip hop prende il nome di *turntablist* (traducibile in un orrendo "giradischista"), la cui disciplina musicale ha trovato espressione anche in ambito contemporaneo e, ovviamente, jazz.

Essendo un elettricista Flash non ha difficoltà ad apportare da solo tutte le modifiche necessarie, reperendo i componenti e creando una sorta di mostro di Frankenstein fatto di pulsanti e cursori, su misura per lui e per la tecnica che vuole sperimentare: un'idea nuova, unica e imitabile.

Il progetto è di prolungare all'infinito un break, trasformando un giro anche breve in una composizione a sé stante.

Prendiamo l'esempio di *Funky Drummer*, in cui il break dura diciotto secondi: sarebbe bello poterlo far andare avanti all'infinito, così che i ballerini abbiano tutto il tempo che vogliono per provare e sfidarsi. Con il nuovo mixer diventa possibile, perché se prendo due copie identiche dello stesso disco, le metto sui due giradischi, trovo l'inizio del break sul disco di sinistra e lo faccio partire, usando il preascolto posso preparare il disco di destra sul punto preciso di inizio del medesimo break e, al momento giusto, farlo partire, sfumando istantaneamente da sinistra a destra con il crossfader. Da questo momento ho altri diciotto secondi per ripetere la stessa operazione, ma a giradischi invertiti. Il modo migliore di riportare indietro il disco è quello di "riavvolgerlo" in senso contrario, fino a ritrovare l'attacco del break.

SLIP MAT

Quando un dj ferma il disco con la mano, il piatto sotto continua a girare. In un negozio di tessuti Flash prende un pezzo di feltro e, dopo averlo inamidato e stirato, lo taglia a forma di disco: lo chiama *wafer*, l'ostia. Questo accessorio (oggi conosciuto come "slip mat") è indispensabile per muovere liberamente il disco sotto la puntina: per installarlo è necessario togliere il tappetino rotondo di gomma fornito dalla casa produttrice e appoggiare il panno direttamente sul metallo del piatto, così da non provocare alcuna frizione se il disco viene fermato e mosso in senso antiorario, ma mantenendo comunque abbastanza *grip* con il piatto per farlo suonare normalmente appena lo si lascia libero.

Per consentire al dj di muoversi con sicurezza, evitando che la puntina salti, è tuttavia indispensabile intervenire anche sul braccetto del giradischi, arrivando a posizionare monetine da qualche centesimo direttamente sulla testina, per appesantirla. Attenzione a non esagerare, perché schiacciare la puntina sul disco non solo rischia di rovinare entrambi inutilmente, ma soprattutto suona di merda.

L'altra grande invenzione di Flash è la cosiddetta *clock theory*, la teoria dell'orologio, che consiste nell'individuare l'inizio del break in un punto fisico del vinile, segnarlo con un pastello e tracciare una linea che lo congiunga al centro del disco; si ottiene così una sorta di lancetta con cui contare il numero di giri che il disco compie fino alla conclusione del break, e lo si potrà riavvolgere lo stesso numero di volte per tornare esattamente alla posizione di partenza.

Mi rendo conto di quanto semplice tutto questo possa sembrare e non ho dubbi che molti fatichino a credere che un elettricista del Bronx con due giradischi, un mixer e un pastello possa aver rivoluzionato la musica. Eppure la possibilità di replicare all'infinito una porzione di un disco, di modificarla (se sfaso le due copie del disco posso fare dei ping-pong, spostando il crossfader da sinistra a destra e ritorno, creando una sorta di effetto eco, il *phasing*), di mescolarla con un'altra porzione di un altro disco: tutto ciò rappresenta la sintesi dell'approccio compositivo dei giorni nostri e ha costituito nell'immediato la base per consentire a un'altra forma dell'hip hop di esprimersi: il rap.

Nella sua costante ricerca di novità con cui stupire il pubblico, Flash si procura un Vox Percussion King, uno strumento elettronico molto spartano, con una serie di pulsanti che emulano i vari suoni di percussione; un antenato della batteria elettronica, non programmabile e da suonare a mano: durante i suoi show lascia i giradischi e inizia a suonare quell'affare, che lui battezza *beatbox*, creando dal vivo il beat sul quale Cowboy, il suo primo mc, può rappare.

DJ & MC

Il termine "dj" ha origine nel 1935, quando un commentatore radiofonico iniziò a definire *disc jockey*, ovvero "operatori del disco", quei colleghi che si occupavano di mettere musica. È tuttavia nella Giamaica degli anni Sessanta, a opera di artisti come King Tubby e Lee "Scratch" Perry, che il dj assume il proprio ruolo moderno di musicista, attraverso sperimentazioni con la sovraincisione creativa di nastri magnetici, filtrati da rudimentali effetti di eco/riverbero e attraverso un uso creativo del mixer "da studio" (quello che ha molti cursori cui corrispondono altrettanti canali, uno per ogni strumento musicale, voce e/o registrazione che si voglia usare), arrivando a creare la musica dub e gettando le basi per tutta la musica che sarebbe seguita, hip hop in testa.

Il termine "rapper", invece, ha una connotazione negativa e la definizione corretta della sua figura è "mc" o "emcee" e la sua arte si chiama "emceeing", dove la sigla mc sta per *Master of Ceremonies*, ovvero chi ha il ruolo di presentare, intrattenere il pubblico e coordinare le attività sul palco: James Brown aveva un mc che apriva i suoi concerti, scaldando il pubblico per dei bei quarti d'ora, ricordandone i maggiori successi e facendo crescere la tensione con la band in un climax che culminava con l'ingresso di JB.

I fratelli Glover (Melle Mel e The Kidd Creole) dei Furious Five sono i primi a definirsi *Masters of Ceremonies* e rappresentano un esempio di talento e stile che segnerà profondamente lo sviluppo della nascente cultura.

All'inizio dell'hip hop la vera star è il dj che, per esaltare le proprie qualità e animare il pubblico, si fa affiancare da un rapper, con un ruolo dunque di semplice accompagnamento; anche in tempi successivi, pur avendo conquistato un'esposizione maggiore e mostrando un talento senza precedenti, il nome del dj verrà sempre prima dell'mc, basti pensare a Eric B. & Rakim e Dj Jazzy Jeff & the Fresh Prince (quest'ultimo meglio noto come Will Smith), che intitolano il loro secondo album *He's the DJ, I'm the Rapper*.

Infine, a seconda delle esigenze poetiche del contesto, per alcuni la sigla mc significa *Microphone Controller*, per altri *Mike Checker*, fino a un improbabile *Move the Crowd*. Per amore di completezza, ricordo che mc è anche la sigla della provincia italiana di Macerata.

Con il beatbox il dj diventa *beatmaker*, creatore di ritmo. La scatola magica di Flash fa un discreto clamore, tanto che qualche anno più tardi si svilupperà una nuova arte propria dell'hip hop, lo *human beatboxing*, che consiste nel simulare tutta la gamma dei suoni di batteria usando esclusivamente la bocca, soppiantando il dj, ma se avete visto un qualsiasi talent show sapete già di che sto parlando...

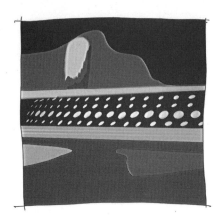

8

Il 1978 è un anno chiave della nostra storia collettiva. Per molti, me incluso, inizia il 16 marzo. La bidella entra trafelata in classe. La maestra fortunatamente non è più quella della prima elementare, questa è molto più gentile e alla mattina per prima cosa va alla cattedra e dà tre comandi: «In piedi, in prima, abbassiamo la testa». Quella è la modalità con cui Giovanna Ragozzino invita tutti a un momento di preghiera o di riflessione prima di iniziare la mattinata di studio, senza imporre *Padri nostri* o simili, ma incoraggiando tutti a pensare a qualcosa di buono: mi è sempre piaciuto il suo approccio laico a un mondo spirituale. La maestra Ragozzino è una donna minuta, seppure non appaia fragile; ha un colorito pallido che vira al panna, ma quella mattina le parole che la bidella le sussurra all'orecchio la candeggiano completamente. Si alza frettolosa e ci dice di fare i bravi, perché lei tornerà subito: è talmente sconvolta da scordarsi di piazzare alla lavagna il delatore di fiducia, a segnare mafiosamente buoni e cattivi, come se quel ciccione fosse capace di fare altro che scaccolarsi.

Sentiamo che è successo qualcosa, ma dopo un po' la maestra ritorna e la lezione in qualche maniera prosegue.

All'uscita trovo mamma che mi aspetta, sul volto una nuance leggermente più beige della maestra, ma ugualmente scossa.

«Cosa è successo?» le chiedo.

«Hanno rapito Aldo Moro.»

A otto anni non ho molto chiaro il concetto di "rapimento". Non so nemmeno chi sia Aldo Moro, ma deve trattarsi di un pezzo grosso. Il plotone di punti interrogativi che mi assale è corposo, ma vedendo come sta mamma desisto e non faccio domande.

A casa il telegiornale un po' mi aiuta a chiarire l'accaduto, con le immagini di via Fani, Paolo Frajese che gioca a campana coi bossoli e le chiazze di sangue, un tale viavai di gente su quella scena del crimine che mancano solo il camioncino della porchetta e un mimo.

Sono giorni pesanti, l'atmosfera è greve ovunque; per una simpatizzante di sinistra come Germana è un colpo duro. È avvilita e preoccupata. Ripeto: Germana è pratica di drammi e una simile tragedia fornisce spunti a iosa per solleticare quel lato bastardo del suo carattere, facendola esplodere in profluvi di discorsi apocalittici col salumiere o il giornalaio, tutti focalizzati sull'incertezza che il mondo sta riservando al mio futuro.

Fortuna che un mese dopo una cugina torinese in viaggio verso Palermo ci viene a trovare. Mamma carica me e la cugina sulla 500 e, nonostante sia giorno di chiusura, ci dirigiamo verso la Reggia.

Parcheggiamo proprio vicino alla facciata (siamo nel 1978, eh...), a una cinquantina di metri dal primo cancello d'ingresso, e scendiamo per tentare una visita; proprio sull'angolo del cancello due guardiani seduti, a braccia conserte, ci dicono che no, non si può entrare, ma se vogliamo farle vedere i cortili, lo scalone e lo scorcio del parco non c'è problema. Venti minuti a guardare quella meraviglia e usciamo.

C'è un tizio sulla 500, un ricciolino che avrà al massimo quindici anni e sta armeggiando sotto al volante. Germana scatta urlando verso l'automobile, la raggiunge, spalanca la portiera e afferra il ragazzino per un braccio, iniziando a strattonarlo, disperata. Lui è magro, ma forte: afferra la portiera e la richiude di scatto, prendendo in mezzo il braccio di mamma, che ha l'altra mano incastrata nella maniglia della stessa portiera per colpa di un anello e non riesce a liberarsi. Lui mette in moto e parte, portandosi con sé auto e mamma.

Trascina Germana per oltre cinquanta metri prima che lei riesca a liberarsi e lui a fuggire: una scena raccapricciante.

Va detto che il concetto di "rapina" l'ho capito al primo colpo.

Corriamo da lei per aiutarla ad alzarsi: è un Cristo di sangue, mentre quelle due merde dei custodi non alzano nemmeno un sopracciglio e guardano da un'altra parte.

Una macchina si ferma sgommando, le due persone a bordo si qualificano come Digos e partono all'inseguimento della 500. In quei giorni stanno setacciando le acque del lago Patria, alla ricerca del corpo di Moro, e la provincia pullula di polizia in borghese. Certo è che, se quegli zelanti poliziotti avessero riconosciuto in quel mucchietto di donna sanguinante *quella terrorista della Di Gesù*, magari un giretto a casa nostra per cercare l'Onorevole se lo sarebbero pure fatto...

Ricordo poco altro, un tè in un bar e credo il primo e unico taxi preso a Caserta per tornare a casa.

La 500 mai più vista, mamma rimarrà con il braccio dolorante per un bel pezzo della sua vita.

Il corpo dell'Onorevole Moro viene ritrovato il 9 maggio successivo, nel bagagliaio di una R4 rossa parcheggiata in via Caetani, a metà strada fra la sede del PCI e quella della DC, a infittire una trama che non smetterà mai più di intricarsi.

Lo stesso giorno la mafia uccide a Cinisi il giovane Peppino Impastato, una voce scomoda di denuncia che approfitta delle radio libere per cercare di essere libero per davvero. Lo fanno saltare in aria col tritolo, anche se le prime notizie lo descrivono come un anarchico bombarolo morto suicida in un attentato fallito. Pure qui la trama è fitta, ma è la memoria a risultare corta e un ragazzo che sfotteva un boss ce lo stiamo scordando, cento passi alla volta.

Che anno convulso, il 1978, quello in cui Pertini viene a salvarci tutti, finalmente, uno che le cose le dice e le fa, ma sempre a fin di bene: il santo laico che tanto è stato invocato arriva e fin da subito Pertini si mostra come uno che preferisce stare vicino alle persone più che alle folle. Si esce da anni di presidenza Leone "il superstizioso", costretto alle dimissioni dalla falsa accusa di essere coinvolto nell'affare Lockeed, tutte le maggiori città sono insanguinate da una fila di attentati che avvelena il clima, Moro è stato ucciso e le BR sono latitanti: una serie di patate bollenti che richiedono mani d'amianto per riuscire a tenere insieme il paese, che pattina sull'orlo del tracollo. Ma Pertini riesce a farsi amare da tutti.

È un vecchietto coriaceo e simpatico, quando s'incazza ti riduce al silenzio e al suo primo discorso di Capodanno, col putiferio che c'è in giro, inizia parlando della disoccupazione giovanile. Sceglie di affrontare un problema grande, che investe e condiziona la vita di tutti, e su questo argomento richiama all'unità nazionale, avendo capito che lo scollamento tra cittadini e istituzioni si sta ampliando pericolosamente. In Vaticano muore Paolo VI e al suo posto arriva Albino Luciani, Giovanni Paolo I, aggiungendo quel "primo" che assai scaramanticamente la tradizione della Chiesa ha voluto fino a quel momento implicito. Dura il tempo di manifestare un'apertura nei confronti delle pratiche anticoncezionali, di affermare che «Dio è Madre», di citare Trilussa e progettare una riforma dello IOR, perché muore dopo soli trentatré giorni di pontificato. A casa mia, da subito, si sostiene la tesi dell'omicidio politico: troppo riformista e troppo poco "di carattere", in breve troppo "Francesco" per quel momento storico.

Comunque, citando il settimanale "Il Male", "Fatto un Papa ne muore un altro" e al suo posto arriva la rockstar polacca, ma qui devo raccontarvi poco, perché nel frattempo l'hanno pure fatta santa.

La classifica musicale del 1978 è perfino commovente, un distillato di emozioni talmente concentrato da essere arrivato integro fino ai giorni nostri: *Pensiero stupendo, Gianna, Triangolo, Generale*, tutta la colonna sonora de *La febbre del sabato sera, Mister Mandarino, Un'emozione da poco, Una donna per amico, Sotto il segno dei Pesci, Love Is in the Air, Heidi* e *Ufo robot*. Quest'ultima anche grazie a me, che il disco lo compro, e quel 4 aprile 1978 alle 18.45 a vedere il primo episodio di *Goldrake* ci sono anch'io.

La mia passione per i cartoni animati è istantanea: i primi che ricordo sono i dinosauri della sigla di "Sapere", tanto belli da farmi innamorare di quelle bestie e costringere nel 1974 i miei genitori a ben quattro visioni di *Fantasia*, proprio per via della loro celebre scena.

Nel 1976 le quattro visioni sono invece per *Allegro non troppo* di Bruno Bozzetto, mio autore preferito: il suo *West and Soda* diventa subito un classico per me e papà. È proprio nello Studio Bozzetto che Guido Manuli realizza quasi tutte le sigle animate di quel periodo: *La tartaruga*, *Johnny Bassotto*, *Portobello*, *Isotta*, *Il cavallino Michele*. Divoro cartoni animati, non solo giapponesi, ma anche americani, italiani, ungheresi, russi, scandinavi, svizzeri; le tv private (lo YouTube di allora si chiama "tv private") traboccano di vecchie e nuove serie e lungometraggi, replicati all'infinito, le cui sigle sono entrate nel genoma della nostra nazione.

La sigla di *Goldrake*, quella di coda, a me piace tanto e nel mangiadischi entra ed esce come una lama rotante: *Shooting Star*. Scritta dall'autore di *Zingara* e *Ricominciamo* (oltre a *Dolce Remi* e *Nano nano*), non ha nel testo il proprio punto forte: è la musica di Vince Tempera (*Daitarn 3* e *Capitan Harlock* su tutte) che con il poderoso giro di basso di Ares Tavolazzi (bassista degli Area che ha suonato con Guccini, Paolo Conte, Battisti e tutto il jazz conosciuto) e la batteria di Ellade Bandini si esprime in un pezzo disco con un tiro straordinario, appunto *Shooting Star*. E quale miglior momento, se non questo 1978, per usare il concetto di "stella che spara" e farci la sigla di una trasmissione per ragazzi?

9

La leggerezza con la quale ogni sera mi piazzo davanti alla tv a guardare i miei cartoni preferiti è sicuramente distante da quella di un qualsiasi mio omologo del Bronx, un quartiere molto diverso dal mio. Quello che una tribù di Siwanoy chiamava *Keskeskeck*, nel Seicento fu colonizzato dal signor Jonas Bronck: quell'area, che divenne nota come Bronck's, una volta avviato il processo di urbanizzazione nei primi del Novecento subì un boom demografico notevole, per opera di immigrati italiani, irlandesi e soprattutto ebrei.

Durante gli anni del proibizionismo, italiani e irlandesi si dettero parecchio da fare e il tasso di criminalità schizzò alle stelle, con le strade teatro di sparatorie e omicidi fra gang; il risultato fu che progressivamente tutti si trasferirono verso zone migliori della città, prima gli irlandesi, poi i tedeschi, gli italiani e infine gli ebrei e la maggioranza degli abitanti del Bronx fu rimpiazzata da nuovi immigrati portoricani e afroamericani.

La costruzione della *Cross Bronx Expressway*, una vera e propria autostrada che tagliava in due il quartiere, fu la mazzata finale, poiché il ricollocamento di tutte le famiglie sfollate e la separazione fisica portarono allo sfaldamento di una comunità solida e fecero piombare nel degrado tutta l'area. Il valore delle proprietà precipitò e i *landlords*, i padroni di casa, smisero di curarne la manutenzione, arrivando a incendiare interi condomini per incassare i soldi dell'assicurazione. A quel punto le banche smisero di erogare mutui immobiliari. Una politica di riduzione degli investimenti nell'istruzione in tutta l'area portò al taglio delle attività di doposcuola e dei programmi di insegnamento musicale, riempiendo le strade di ragazzini allo sbando.

Nello scenario di una città devastata apparvero nuove gang a suddividersi il controllo del territorio, spargendo sangue e terrore: gang di ragazzini, la cui uniforme era costituita da una camicia di jeans con le maniche tagliate e le insegne (i colori) di appartenenza a decorarne tutta la schiena.

Molte formazioni giravano armate e si spartivano il traffico di droga e prostituzione, altre (come i Ghetto Brothers e i Black Spades) erano nate con intenti più sociali, di pattugliamento delle strade a difesa della comunità per proteggere i cittadini tanto dai criminali quanto dalla polizia, la quale aveva finalmente trovato in queste street gang la radice di tutti i mali che affliggevano la New York City dell'epoca...

Nel 1971 i Ghetto Brothers, sotto la guida di Benjy Melendez, organizzano un incontro tra tutte le gang, ottenendo una tregua (che durerà oltre dieci anni) e una incredibile alleanza, perché si evidenziano nuove priorità, collettive e sociali. Un nuovo movimento attinge alla filosofia politica del Black Panther Party, di Malcolm X e della Nation of Islam, alimentato dalla crescente presa di coscienza che il *White Power*, secondo la regola del *divide et impera*, è responsabile della disgregazione in fazioni delle comunità più povere, che istiga all'eliminazione reciproca; l'urgenza di rafforzare i legami interni alla società nera emarginata spinge Lance Taylor, un *warlord* dei Black Spades, a fondare nel proprio quartiere la Bronx River Organization, associazione votata al mutuo supporto per il progresso della comunità, in cui convergono anche membri di altre gang, dai Savage Nomads ai Savage Skulls.

Lance Taylor, dopo un viaggio in Africa vinto grazie a un concorso di scrittura indetto dall'UNICEF con un saggio su quel continente e fortemente influenzato dalla visione del film *Zulu*, inizia a farsi chiamare Afrika Bambaataa, in onore del valoroso Bhambatha, capo della rivolta contro i boeri nell'attuale Sudafrica, considerato l'iniziatore del movimento anti-apartheid.

Con l'uccisione del suo migliore amico da parte della polizia, nel 1973 Bambaataa trasforma la Bronx River Organization nella Universal Zulu Nation, organizzazione che si dichiara non violenta, che richiede ai propri membri di adottare un atteggiamento positivo nei confronti della vita e di non risolvere le dispute con la violenza, ma ricorrendo all'intervento di uno *zulu leader* per gli eventuali problemi personali, senza mai cacciarsi nei guai o infangare il nome dell'organizzazione stessa: l'obiettivo da perseguire è la pace cosmica.

Bambaataa scrive un elenco di regole che incoraggiano la crescita della coscienza, abituando i seguaci a una stretta autodisciplina e alla lettura delle *Infinity Lessons*, insieme di parabole di ambientazione urbana che educano ai princìpi Zulu, a come relazionarsi con la polizia e forniscono altri consigli pratici: il mancato rispetto di una qualsiasi regola causa l'espulsione immediata.

Gli *zulu* dichiarano esplicitamente la propria fede in Dio, nonostante le sue molteplici denominazioni abbiano portato a guerre e divisioni, e nei testi sacri della Bibbia e del Corano, benché coscienti della manipolazione cui sono stati sottoposti e quindi pronti a reinterpretarne i contenuti. Grande rilievo è dato anche all'impegno nella difesa dell'ambiente, attaccato e corrotto dall'egoismo umano, allo sviluppo della conoscenza e dell'educazione, strumenti per conseguire pace, giustizia, uguaglianza, libertà e progresso delle persone verso una società più matura e consapevole. Uno dei concetti ribaditi più spesso è che alla base della vita, della creazione, di tutto, c'è la matematica.

Bambaataa è un dj dai gusti eclettici (un classico dei suoi

riempipista è il tema della *Pantera Rosa*), ama attingere a generi musicali molto distanti tra loro, segue le avanguardie internazionali ed è sempre informato sulle novità del momento; la sua grande passione per la musica gli suggerisce di mettere l'hip hop al centro della Zulu Nation, rendendola il polo di maggior attrazione nel desolato panorama del Bronx.

Procede inoltre alla codificazione di questa nuova cultura in quattro elementi distinti: *DJing* (la Musica), *B-boying* (la Danza), *Emceeing* (la Parola) e *Writing* (il Segno). Poggiando su questi quattro pilastri, la Zulu Nation rappresenterà l'ossatura etica del movimento, costituendone un blasone, un'insegna: sarà come una gang, ma senza essere una gang. L'estetica diventa completamente libera, non esistono più codici stringenti per sentir di appartenere a questa entità, i simboli mostrati sono di unione e pacificazione: Bambaataa proietta il proprio immaginario sulla neonata organizzazione, attingendo a costumi di altre culture, per esempio africane, native americane e dell'estremo Oriente, spaziando dagli antichi romani ai mantelli rinascimentali, con parrucche e soprattutto occhiali da togliere il fiato. Per molti versi influenzata da artisti come George Clinton e Bootsy Collins dei Parliament-Funkadelic, celebri per i loro outfit clamorosamente kitsch, l'emancipazione estetica che Bambaataa propone gioca un ruolo importante nel processo di autocoscienza dei ragazzi, che escono da gang in cui l'uniformità e l'omologazione sono valori fondanti.

All'improvviso tutti i ragazzini vogliono essere *zulu*, entrare a far parte di quel movimento strano e coloratissimo; poter ballare a volontà, sfidandosi tra di loro per essere riconosciuti da tutti come *king*, giocando a chi mostra il passo di maggiore effetto, a chi strappa l'applauso al pubblico e si accaparra la vittoria: il più *fresh*.

Questa modalità incruenta di stabilire i rapporti di potere fra gruppi prende piede e sempre più persone si radunano attorno all'hip hop, creando una comunità che ha al proprio centro quei quattro elementi con cui giocare e, magari, diventare qualcuno, avendo ben chiare le parole chiave che anni dopo diventeranno un inno cantato da Bambaataa e James Brown: *Peace, Unity, Love and Having Fun!* Ciò non esclude che i coltelli ogni tanto scattino comunque e la storia dell'hip hop è lastricata di cadaveri fin da subito, sia ben chiaro, ma l'appeal delle regole di Bambaataa è tale da sottrarre migliaia di ragazzini alla morte o alla prigione, attirandoli verso una realtà positiva fatta di espressione e sfida creativa, accompagnata da un sorriso e una vibrazione velatamente hippy, una delle ultime dello scorso secolo.

Il fermento intorno a questa novità rende ancora più attraenti i quattro elementi, dei quali il rap è destinato a diventare il più voluminoso, talmente enorme da apparire a uno sguardo superficiale quasi autonomo rispetto agli altri tre. Eppure abbiamo visto che all'inizio il rapper ha un ruolo subalterno al dj, un complemento alla vera star che sta dietro ai giradischi: quando è che il rapper conquista il palco?

La storia del rap la si fa risalire molto indietro nel tempo, in Africa, dove da secoli i cantastorie tramandano i racconti, accompagnandosi con strumenti tradizionali come la *kora* o il *balafon*: si chiamano *griots* e sono la versione africana degli antichi cantori, quelli che in Grecia e a Roma sono i poeti con la lira, nel Duecento i menestrelli, i trovatori, i bardi, i cantori. Certo è difficile intravedere il filo rosso che lega un bardo con cetra e calzamaglia a un ceffo enorme, tatuato in faccia e coperto d'oro come la Madonna del Petrolio, ma tant'è.

Esiste tuttavia un riferimento più contemporaneo e popolare, i *dozens* (o *dirty dozens*), sfide verbali dove i contendenti si insultano in rima: è la deformazione di un gioco africano e pare tragga il proprio nome dal termine "dozzina" usato nel mercato degli schiavi e riferito a quelli fisicamente malmessi, storpi o mutilati, che avendo un basso valore venivano venduti, per l'appunto, a dozzine. In questa sfida verbale l'obiettivo privilegiato è sempre la madre dell'avversario, di cui si declinano qualità come il peso, l'odore, le proporzioni fisiche, le capacità e i gusti sessuali, la consistenza degli umori, elasticità e tenuta dei tessuti interni e via discorrendo, dipingendola invariabilmente come la campionessa del peggio, vera icona del degrado: "*Yo' mama*" è un incipit talmente frequente che spesso i *dozens* vengo identificati con questa espressione.

Il meccanismo del gioco è il solito: due contendenti (siano essi maschi o femmine) si sfidano e il pubblico intorno consacra il vincitore per acclamazione. Chi mette l'avversario in ridicolo nella maniera più creativa vince. E 'sta povera madre finisce per essere così grassa che con un lenzuolo addosso ad Halloween fa l'Antartide, così brutta che manco la marea se la porta via, con un occhio di vetro col pesce dentro, le gambe di legno coi piedi veri e i peli sulla lingua. D'altronde – è cosa nota – questi sono tutti modi di dire vecchi, volgari e abusati: proprio come tua madre!

E il rap sembra così nascere dalla frizione tra due dimensioni culturali assai diverse, dove l'alto e il basso collidono, in una bizzarra sintesi in cui coesistono *Rosa fresca aulentissima / ch'apari inver' la state* e *Chi è Tatianaaa???*

Prima che lo stile di Grandmaster Flash diventi uno standard, dopo aver messo una canzone il dj non ha un granché da fare, se non scaldare il pubblico con qualche rima; i testi sono ridotti a singole frasi di incitamento, ripetute qua e là, giochi di botta e risposta (*"Say ooooo! – ooooo!"*), movimenti coreografici (*"Throw your hands in the air / and wave like you just don't care!"*) e ripetizioni del proprio nome, asserendo sempre di essere, se non il migliore, l'unico.

Il primo a concatenare una serie di formule creando un elemento essenziale nel rap, il flow (il flusso ritmico che fonde in modo originale la parola al beat), è Dj Hollywood, dj di genere disco music, famoso per le sue esibizioni nei locali di punta di Manhattan, ma anche al celebre Apollo Theater di Harlem. Hollywood non è uno che organizza i party per strada, rubando la corrente dai lampioni per alimentare un sound system tirato insieme con pezzi di recupero: lui è espressione di tutt'altro giro, quello delle discoteche, in cui per andarlo a sentire si paga un biglietto e il dress code è rigorosamente costituito da giacca e *no sneakers*: robba fina, insomma.

Una sera prende il microfono e per oltre un minuto rappa ininterrottamente, creando quel modo di fare rap che si chiamerà "hip hop style". Nonostante il suo stile ineccepibile, il fatto di esibirsi su basi *disco* lo colloca molto ai margini della cultura hip hop, incentrata sul funk: la radice musicale originale di cui i ragazzi si sono appropriati, trasformandola nella nuova musica in cui identificarsi per costruire un'intera cultura, si pone in naturale antitesi alla *disco*, costruita unicamente per scopi commerciali, i cui frutti vengono raccolti solo dall'industria e da pochi avventurieri.

Intorno al 1976 iniziano a proliferare gli mc, che si propongono ai vari party, così Grandmaster Flash lascia il microfono appoggiato alla console e chiunque si ritenga capace può approfittarne (si chiama *open mike*), lasciando scegliere al pubblico il migliore.

Riesce così a selezionare gli mc più capaci e li riunisce in una squadra, The Furious Five, che costituirà uno spettacolo a sé stante inserito nello show di Flash.

Certo è che, se si vuole fare l'mc e non si dispone di un dj che abbia un impianto, organizzi party, richiami pubblico e ti renda popolare, non ci sono molte chance di sfondare: i ragazzi del Bronx non hanno soldi per comprare amplificatori, casse, giradischi, e senza questi strumenti non esistono sogni di gloria, a meno di un miracolo. E il miracolo arriva dal cielo, la sera del 13 luglio 1977, sotto forma di una pioggia di fulmini.

Un intervento divino che manda completamente in tilt la rete elettrica di New York, causando un blackout in tutta la città, durante il quale una parte della popolazione si dà al saccheggio selvaggio dei negozi: l'impulso dato all'hip hop da quella singola notte di razzia non è oggettivamente quantificabile, ma il weekend successivo il numero dei party tra Bronx, Harlem e Brooklyn sarà decuplicato.

L'idea della *crew* di mc nel frattempo viene imitata da altri e nascono, per esempio, i Fantastic Five di Grand Wizzard Theodore, i Cold Crush Brothers di DJ Tony Tone e Charlie Chase, gruppi in eterna competizione costituiti da mc che vivono a stretto contatto e scrivono rime da eseguire in intricate routine corali, dove il testo di intere frasi è spezzettato e suddiviso tra i vari membri della crew, con annesse coreografie di accompagnamento. Stiamo parlando sempre di realtà underground, di centinaia di canzoni o frammenti di esse che possono essere ascoltate solo dal vivo o eventualmente su cassetta, se qualcuno registra la serata: l'industria discografica entrerà presto in quel gioco meraviglioso, ma per il momento ha difficoltà a trovare la porta d'ingresso.

Nel 1979 Sylvia Robinson, ex cantante soul che insieme al marito possiede un'etichetta discografica a rischio di fallimento, non è in contatto con nessuno che la possa introdurre a un party nel Bronx. Per un suo compleanno chiama Lovebug Starski (che si contende con Cowboy dei Furious Five la coniazione del termine "hip hop") e scopre il rap.

Immediatamente le è chiaro l'enorme potenziale per la propria etichetta, la Sugar Hill Records, e propone a Starski di incidere un disco. Lui tuttavia tentenna, anche perché capisce che con le serate live guadagna assai meglio, e rinuncia all'offerta. Ma Sylvia crede nella propria idea e vuole essere la prima a pubblicare un disco con inciso un rap *hip hop style*. C'erano già stati artisti che avevano registrato canzoni con uno stile simile, parlato in rima disteso su una base musicale; i Last Poets e Gil Scott-Heron, con le loro narrazioni politiche in musica, in bilico tra poesia e orazione civile, hanno anticipato alcune delle funzioni che il rap avrebbe avuto negli anni successivi, ma non avevano l'*hip hop style* che avrebbe caratterizzato questa forma musicale.

Sylvia viene battuta sul tempo da un gruppo *funk disco* molto forte in quel momento, la Fatback Band, che quell'anno pubblica *King Tim III (Personality Jock)*: i ragazzi della band, affascinati dal nuovo sound che si sta formando nelle strade, durante i propri concerti si fanno accompagnare dall'mc Tim Washington e tentano l'esperimento di fargli registrare un pezzo, pubblicato come retro di un loro singolo: nel giro di un mese quel disco sembra avere solo il lato B, tutte le radio lo suonano e rimane in classifica per undici settimane. Il progetto di Sylvia di pubblicare il primo disco con un rap inciso sopra fallisce, ma lei è un osso duro e riuscirà comunque a registrare il primo disco di una band 100 per cento rap, a costo di inventarsela da sola.

Con l'aiuto del figlio prova a cercare nel New Jersey, appena di fronte a New York City, e in una pizzeria s'imbatte in un tizio gigantesco che rappa mentre inforna pizze da un dollaro: è Big Bank Hank. Non è un rapper, fa il buttafuori in un locale del Bronx, si è da poco improvvisato manager dei Mighty Force, un'altra crew del Bronx, e lavora in pizzeria per ripagare l'impianto che ha preso per la band; sul lavoro si porta un *ghetto blaster* con cui suona le cassette del gruppo e ne rappa i testi a memoria, perché lui non è capace di scrivere rime proprie, mentre quelle di Casanova Fly, il leader dei Mighty Force, sono micidiali.

La Robinson lo porta nell'auto parcheggiata di fronte alla pizzeria, chiedendogli di rappare ancora, e lui – invece di dirle la verità e parlarle della band di cui è manager – si mette a ripetere le rime di Casanova Fly come se fossero le proprie. Nell'underground, Casanova Fly (che prenderà il nome di Grandmaster Caz) è il vero talento lirico del momento, ha iniziato nel 1974 come dj ed è il primo a rappare mentre mette i dischi, scrive testi articolati e divertenti e, insieme ai suoi Cold Crush Brothers, è una superstar nell'underground. Sembra incredibile, ma Big Bank Hank in quell'auto sta rubando all'hip hop l'occasione di presentarsi al mondo per quello che è, truffando una cultura intera. Attorno alla macchina si raduna una piccola folla e un paio di altri ragazzi del New Jersey si propongono di dare un saggio del loro rap: vengono reclutati tutti e tre.

Sylvia, abituata a frequentare le discoteche, quando viene suonato un nuovo disco è molto attenta alle reazioni del pubblico; giusto un paio di settimane prima è uscito il nuovo singolo degli Chic, *Good Times*, e da come il locale è esploso si preannuncia un successo stratosferico. Sylvia la sceglie come base per il suo progetto e organizza una session di musicisti per farla risuonare, poi convoca i tre (che chiamerà Sugarhill Gang, così da promuovere anche il nome dell'etichetta) e li fa rappare davanti al microfono: Big Bank registra le rime di Grandmaster Caz senza toccare una virgola, al punto di esordire nella sua strofa dicendo di essere *C.A.S.A.N.O.V.A F.L.Y.* In poche ore nasce *Rapper's Delight*.

Grandmaster Caz non vedrà mai un centesimo, nonostante sia il fulcro di tutta l'operazione, e solo trent'anni più tardi replicherà con *MC Delight*, raccontando il proprio punto di vista sulla storia e triturando parola per parola il pezzo della Sugarhill.

Rapper's Delight sarà il primo pezzo rap a varcare i confini di New York per diventare un successo mondiale, figlio di un'operazione commerciale posticcia e paracula; pur distante anni luce dal talento e dalla spontaneità dell'hip hop, ne rappresenta suo malgrado una pietra di fondazione, nonostante sia un plagio inciso su una base *disco*.

10

Rapper's Delight raggiungerà anche me a Caserta, qualche anno dopo, quando starò raffinando il mio gusto musicale. Mentre ora, al momento della sua uscita in America, io prendo un po' quello che trovo. Papà ama il jazz, è un bravo chitarrista e negli anni del Politecnico ha fatto parte di un complesso (che a volte ha visto Piero Angela al pianoforte). Suonavano dixieland e bebop, musica che gli dava brio e lo divertiva da impazzire. Quando anni dopo usciremo in macchina, lui e io, a guidare per chilometri, saremo accompagnati da Dizzy Gillespie, Duke Ellington, Fats Waller, su quei treni di note che sanno far scorrere leggera la strada e ti portano in posti speciali perché speciale è l'occasione di essere così, lui e io. Anche durante l'ultimo viaggio che faremo insieme, su macchine separate, ci sarà Louis Armstrong a farmi sorridere.

Germana è più per la musica classica, spesso su disco, ma assai più volentieri dal vivo, ed è una fedele abbonata alla stagione concertistica del Real Teatro di Corte della Reggia: l'inclusione del sottoscritto nel pacchetto è implicita e per qualche anno esercito l'orecchio con alcuni dei più grandi interpreti del nostro tempo, da Nikita Magaloff a Salvatore Accardo, Uto Ughi, Severino Gazzelloni. In questo piccolo teatro, replica in miniatura del maestoso San Carlo di Napoli, ascolto ore e ore di musica sublime, eseguita divinamente da maestri eccelsi del panorama mondiale, ma per i primi anni mi faccio due palle che non vi sto neanche a dire. Non è sempre-sempre pessimo, eh; Accardo che suona Paganini per esempio è un caso a parte, anche perché quella musica nasce per stupire e catturare l'attenzione di un pubblico (oggi come allora) molto distratto e il Maestro mi ha in pugno dalle prime note. La classica inizierò ad apprezzarla più tardi, quando cambieremo la macchina.

Da quando sono nato l'auto di papà è un'Alfa Romeo 1750 bianca, senza autoradio; non è una chiusura immotivata, sia chiaro. Sono gli anni Settanta e la tecnologia è arrivata all'autoradio estraibile, che in tempi in cui s'è capito cosa siano disposti a fare certi disperati rappresenta un'ancora di salvezza per scongiurare il furto, i cristalli rotti ecc. Ma di ancora purtroppo si tratta, essendo pesante quanto un cartone di birra, ingombrante e inutile fuori dalla macchina, l'epica palla al piede di ogni fortunato audiofilo (riconoscibile dall'anchilosi della spalla e dalla perenne mano a cucchiaio), e Giovanni non ne vuole sapere mezza: o inventano il frontalino estraibile o piuttosto canta lui.

Unica concessione, nel 1978, è una Voxson Tanga, microradio che si stacca dal cruscotto per sparire letteralmente in tasca, ma è una semplice radio e Giovanni la fa installare fondamentalmente per ascoltare i radiogiornali andando a lavorare. È con la BMW 520 alimentata a gpl che arriva anche la musica on demand, nel 1981.

A dirla tutta, quell'autoradio l'ho vinta io in un gioco televisivo su TeleCaserta, di quelli in cui si telefona in diretta e bisogna trovare un dettaglio in una grande immagine, alla *Where's Wally?* per intenderci: qualcuno della redazione del programma aveva scoperto un bel libro illustrato, intitolato *Il tesoro di Masquerade*, che, oltre a costituire una vera e propria caccia al tesoro a base di enigmi, simboli e giochi di parole (in palio c'era, sepolto da qualche parte in

Italia, un collier d'oro e pietre preziose!), era arricchito da bellissime illustrazioni traboccanti di dettagli e in ognuna di esse si celava un coniglio.

Visto il peso specifico del premio, che pur non costando un capitale era comunque un oggetto del desiderio per molti, scelsero l'immagine più difficile del libro: una veduta aerea di una città, in cui il coniglio è rappresentato da un cespuglio e due cipressi per le orecchie, un particolare talmente piccolo che bastava un pezzo di granella del Buondì a nasconderlo.

Come accendo la tv e riconosco l'illustrazione, chiamo immediatamente, prima ancora di sapere cosa ci sia in palio, così prendo la linea e dopo un attimo mi passano in diretta.

Scopro che il premio è, appunto, un'autoradio, incasso la delusione cocente (ma in un programma per ragazzi, che c'azzecca l'autoradio? Mettici un ghetto blaster o, che so, un Daitarn 3 trasformabile...) e mi dirigo a rapidi passi verso la soluzione dell'enigma; so precisamente dove si trova quel coniglio, anche perché a casa sul libro ho impiegato giorni interi a trovarlo. Al telefono guido l'obiettivo della telecamera, più a destra, ancora di più, ora scendi, la conduttrice del programma cerca di allungare il brodo e prova a distrarmi, ha sgamato che conosco la soluzione, che il gioco difficilissimo con il premio ricco appena inaugurato sta per essere risolto da un dodicenne con l'accento polentone. Ma io sono implacabile e in quell'autoradio già sta suonando la *Cavalcata delle Valchirie*.

Sul finire degli anni Settanta nessuno dei miei amici dimostra passione per la musica, ma con due tipi come Franco ed Emilio non ne sento la mancanza. Conosco Franco Magnani nel 1976, lui ha nove anni (io sette) e abita nel mio stesso condominio. Bresciano, grande appassionato di aviazione in tutte le sue declinazioni, inclusa l'astronautica, ama la fantascienza, la tecnologia e il disegno; suo padre lavora per una multinazionale americana e con tutta la famiglia ha vissuto per un paio di anni negli Stati Uniti, dove ha visitato la base di Cape Canaveral e si è fatto fotografare accanto ai razzi vettori, con indosso un casco da astronauta vero. Ha un talento per il disegno tecnico fuori dal comune e a dieci anni riempie centinaia di fogli con progetti di astronavi, basi spaziali orbitanti, *compound* residenziali subacquei, veicoli di escavazione ed elaborazione mineraria, jet cingolati, robot componibili e multifunzione: fin da subito riesce a rovinare a tutti la sorpresa di lui che a ventitré anni diventa ingegnere aerospaziale.

I nostri giochi durano giorni e comportano preparativi molto elaborati; per esempio, per compiere una missione da spie è fondamentale dotarci di accessori che ci aiutino a immedesimarci il più possibile nella parte: i nostri passaporti hanno la copertina in cartoncino e le pagine interne compilate nei minimi dettagli, comprese le riproduzioni dei timbri ridisegnati coi pennarelli, a imitazione di quelli che papà Magnani colleziona nel suo perenne giro del mondo. La precisione di Franco è certosina – ogni cosa che costruisce è impeccabile dal progetto all'esecuzione – e, coniugata a un'intelligenza brillante e a un ottimo senso dell'umorismo, lo rende un vero peso massimo. Eppure non fa mai pesare il proprio talento e le proprie capacità, anzi incoraggia tutti a collaborare, a imparare. L'anno del nostro incontro coincide con quello dell'uscita di *Guerre stellari* (che poi sarebbe *Star Wars: Episodio IV*) e possiamo affermare che la Forza abbia da subito lasciato un segno nelle nostre vite.

Franco ogni settimana compra "Aviazione oggi", l'enciclopedia del volo che imperversa sul finire dei Settanta e che consiste in una dispensa venduta in abbinamento a un modellino da costruire, imbustati su un cartoncino in gran parte bianco. Ogni materiale della dispensa viene completamente riciclato e trasformato in *props* sceniche in scala. Sagomando con un accendino gli scarti di plastica che tengono insieme le parti dei modellini da assemblare si ricavano armi e accessori da far impugnare ai pupazzi di *Guerre stellari*, mentre coi cartoncini alimentiamo i cantieri della nostra flotta spaziale: un'astronave tipo è infatti costituita da una scatola da scarpe o da stivali, il cui interno viene suddiviso in una serie di ambienti utilizzando il cartoncino dell'enciclopedia opportunamente ritagliato, decorato e alla fine incollato, creando una sorta di appartamentino molto belligerante in cui far agire i nostri pupazzi. Con lo stesso cartoncino Franco costruisce console di strumenti, ponti di comando pieni di dettagli, visori radar con display trasparenti (è il cellophane, baby...), pareti doppie con porte scorrevoli: tutto di propria invenzione, tutto per gioco. I giocattoli, le action figure di *Guerre stellari*, i Micronauti, i pupazzi Harbert, sono semplici supporti, pretesti intorno ai quali costruire fisicamente gli scenari della fantasia. E mentre si costruisce si parla, di continuo, di qualunque cosa.

Qualche anno dopo conosco Emilio Bianconi, a una festa da Franco: lui è vestito da Dracula. Il dettaglio non è da trascurare, visto che dell'inventare e realizzare costumi, trucchi e travestimenti anche lui ne farà una professione. Franco ingegnere, Emilio costumista, mentre io, di musica, neanche l'ombra. Per dire...

Emilio nel cuore ha i fumetti ed è bravissimo a disegnare, con l'*Uomo Ragno* e i *Fantastici 4* di Jack Kirby davanti agli occhi e una cocente passione per il cinema horror e di fantascienza, per gli effetti speciali e per inventarne di nuovi.

Franco gli ha parlato di me, della base dei Micronauti che mi hanno regalato a Natale, con un ascensore motorizzato pregevole da vedere: così scambiamo quattro parole e siamo subito un trio. Ci si vede praticamente tutti i giorni, dopo i compiti, si riprende il filo del discorso lasciato in sospeso il pomeriggio prima e si va avanti fino all'ora di cena.

Un giorno decidiamo di girare un film, un cortometraggio di animazione da realizzare usando la tecnica del passo uno e in un attimo ci imbarchiamo in un colossal, senza che nessuno di noi abbia una cinepresa: perfetto. Trascuriamo al momento l'ultimo dettaglio, che in questa fase riteniamo marginale, e ci lanciamo nella realizzazione delle sontuose scenografie in cui i pupazzi e le altre creature avrebbero agito. Veri e propri mini set cinematografici in cartoncino bristol che riproducono gli ambienti in scala Han Solo, dalla sala del trono della regina aliena, con le pareti decorate da un motivo di tappezzeria e glitter, al laboratorio dello scienziato malvagio, con tanto di cervello di plastilina immerso in un bicchiere pieno di acqua colorata. Un torso umanoide da installare sul dorso della tartaruga di Franco è l'effetto più spettacolare del film, un omaggio ai mostri giapponesi *kaiju*, e che come Godzilla dovrebbe devastare un panorama urbano fatto di piccoli grattacieli di gesso: partono i crash test con le miccette.

In due giorni diventiamo *Smallywood*. Lavoriamo per settimane, alternando fasi di ideazione, progettazione, bozzetti, realizzazioni e quindi revisioni drastiche (serve un trono più grande!). Non esistono ancora parole come *think tank* o *fab lab*, ma quello siamo.

Purtroppo, col passare del tempo, diventa sempre più palpabile la sensazione che l'impresa si stia dirigendo verso un prevedibile e inesorabile fallimento, visto che la Super8 non ce l'abbiamo e di finanziatori all'orizzonte neanche l'ombra. L'alternativa sarebbe quella di usare scatti fotografici, ché di macchine ne abbiamo quante ne vogliamo, ma facendo due conti, considerando la frequenza che stabiliamo necessaria di venticinque fotogrammi al secondo (quella cinematografica, la massima possibile, praticamente un rullino a botta), ci indebiteremmo fino al 2021.

Facciamo in tempo a decidere di virare verso un più prosaico fotoromanzo che, come un *deus ex machina*, la nonna di Franco risolve l'impasse e una bella mattina di primavera decide di fare pulizia e sbarazzarsi *di tutti quei cartoni rotti* che ingombrano da settimane il tavolo della cameretta di suo nipote.

Emilio è il primo a mostrare interesse per la musica. Per la Rettore, a voler essere precisi. Non che gli piaccia solo lei, ma sicuramente *Splendido splendente* è un bel cerino che illumina il nostro 1979. Prova a coinvolgermi, a più riprese, ma quella scintilla, che di lì a poco mi incendierà, ancora non è scoccata.

Un sussulto ce l'ho verso la fine dell'anno, quando la Rai trasmette un ciclo di film dell'orrore intitolato "Sette passi nel fantastico", che si apre con *La mummia* (il classico del 1932 con Boris Karloff) e prosegue con chicche come *L'abominevole dottor Phibes* e *Oscar insanguinato*, entrambi interpretati dal Vincent Price più psichedelico di sempre. Come ho già anticipato, tanto Germana quanto Giovanni amano i film dell'orrore e di fantascienza, e per sei martedì consecutivi non ci perdiamo neanche un appuntamento.

Apro una piccola parentesi: non potete immaginare cosa significhi guardare *La mummia* accanto a mia-madre-egittologa. Il suo amore per la materia, la grande competenza e un certo caratterino si combinano al disappunto nel vedere una ricostruzione storica così approssimativa e grottesca, ed è un continuo: «Mica le bendavano così! Si sarebbero disfatte... Quelle due statue nella realtà distano tra loro più di cinquecento chilometri... Imhotep era un celebre architetto, mica un principe...». Insopportabile. Mio padre, silenziosamente, già le prende le misure per il sarcofago.

Tuttavia, mamma nerd a parte, quella visione è fondamentale per me, non tanto per il film, quanto per la sigla che lo precede: la scossa che mi dà è tale che il giorno dopo corro alla Standa a comprare il disco. Il 45 giri di *My Sharona* dei Knack lo ascolto tutti i giorni, più volte al giorno, saltando e suonando air guitar, air drum e tutta l'orchestra che ti viene da mimare quando hai dieci anni. Una canzone che ti prende a calci in culo ogni volta che la metti su. Quella copertina con una ragazza in canottiera e senza reggiseno mi sembra così *da grandi* che mi fa sentire quasi un privilegiato a poter ascoltare quella musica per i fatti miei. Molti anni dopo scoprirò che quella ragazza leggermente infreddolita è proprio la Sharona cui è dedicata la canzone, scritta apposta per conquistarla. Nel frattempo la band si sarà sciolta, il cantante sarà morto e lei sarà diventata una degli agenti immobiliari più importanti di Los Angeles. *Sharona must go on!*

11

Scopro il *writing* grazie a un articolo di "Panorama" che trovo in casa, corredato da alcune foto di vagoni della metropolitana di New York completamente coperti di graffiti. Quelle immagini mi piacciono un casino: non sono come le scritte che vedo in giro per Caserta, quasi tutte di matrice politica (sotto la mia scuola media c'è un NEGRI LIBERO che qualche mano accorta ha completato con PIPERNO STOPPER) e che solo sporadicamente diventano veicolo espressivo di sentimenti ed emozioni (RITA ~~TI AMO~~ ZOCCOLA). I caratteri che formano le scritte su quei treni sono colorati, enormi, incastrati gli uni negli altri fino a rendere indecifrabile la scritta stessa, criptandola con la bellezza. Anche i graffiti, se trascuriamo i primi diecimila anni di storia dell'umanità, sono una novità.

Il fenomeno inizia nell'estate del 1969 con Demetrius, quindicenne di origine greca che nello stesso momento in cui io vengo al mondo è in una rovente New York ad annoiarsi di brutto; Demetrius scopre che un tizio che abita sulla 204a si è messo a scrivere JULIO 204 con un pennarello sui muri del proprio quartiere, a venti isolati dal suo, e inizia a imitarlo, entusiasta. Così Demetrius > Dimitraki > Taki (che abita sulla 183a) inizia a scrivere TAKI 183 un po' ovunque. L'anno dopo per andare a scuola è costretto a prendere un treno e la sua firma, il suo *tag*, esce dal quar-

tiere per diffondersi, popolando ogni stazione e convoglio lungo il suo tragitto quotidiano. Per mantenersi agli studi diventa un fattorino e il suo raggio d'azione si espande ulteriormente, mentre lui consegna pacchi in tutta Manhattan e soprattutto nei quartieri ultra chic dell'Upper West Side. Taki racconta di come appoggiasse il pacco a un lampione o a un muro per farsi schermo e lasciare il proprio segno.

Nel luglio del 1971 un giornalista del "New York Times" nota i suoi tag e inizia a seguirli, così da trovarlo e intervistarlo: l'articolo a tre colonne che ne deriva racconta di come TAKI 183 abbia lanciato una moda ormai incontrollabile, dai costi sempre più elevati a carico della comunità, già abbastanza ostile a questa forma espressiva.

Il risultato è doppio: da un lato sancisce l'esistenza di un fenomeno, motivando i writer a farsi notare ancora di più e avvicinando anche giovani dell'upper class di Manhattan al fermento artistico che già ribolliva possente tra Bronx e Brooklyn; dall'altro consacra alla leggenda un TAKI divertitissimo, che commenta: "Nello stesso giornale intervistano Kissinger e me: quanto ridere fa?".

La settimana dopo rilascerà un'intervista a "Interview", la rivista di Andy Warhol, perché c'è poco da ridere, ma tanto da divertirsi.

TAG

Alla radice del writing c'è la scrittura del proprio nome. I tag, che ne rappresentano la forma più antica, consistono esattamente in questo: scrivere il proprio nome affinché venga letto, riconosciuto e ricordato da tutti.

Alcuni, per renderlo notevole, puntano sulla quantità, marcando qualunque superficie e moltiplicando le occasioni di essere notati, altri scelgono posti molto specifici, apparentemente irraggiungibili, ma che permettono al proprio nome di essere visto da molte persone contemporaneamente, mentre altri ancora puntano sullo stile per risaltare e differenziarsi. Tutti, comunque, hanno come obiettivo la fama e il rispetto per il proprio nome, purché entrambi siano conquistati sul campo.

Per questo motivo la scelta del nome per un writer è una fase fondamentale, paragonabile alle valutazioni che un'azienda fa in relazione al proprio brand, nonostante le origini possano essere le più disparate: soprannomi che ci sono stati affibbiati da bambini (Taki, Kool Herc, Cornbread), nomi evocativi (Phase 2, Futura2000, Toxic) o semplicemente il proprio nome di battesimo (Lee, Joe182, Mark). Scegliere un nome troppo lungo è poco pratico se bisogna scriverlo centinaia, migliaia di volte, rapidamente e di nascosto, commettendo un crimine che dai sedici anni d'età in avanti entra nel penale, motivo per cui molti writer, arrivati a quella soglia, cessano l'attività. Kool Herc, in completa controtendenza, pare invitasse i passeggeri della metropolitana a spostarsi per poter taggare la parete alle loro spalle e che poi si raccomandasse di non avvicinarsi finché la vernice non fosse stata asciutta, per non sporcarsi.

Il nome come somma di caratteri, con ogni singola lettera vista come insieme di tratti, di segni essenziali per la rappresentazione di un suono, ma esagerati e deformati, fusi tra loro, intrecciati a frecce, virgolette, corone e personaggi, trattati come ingredienti sempre nuovi per cucinare sempre la stessa pietanza: il nome.

Il nome scritto sulla fibbia della cintura, come il titolo scritto sotto a un busto di marmo, come se il writer o il b-boy incarnasse l'opera stessa; per realizzare queste fibbie, pare che inizialmente adattassero i telaietti d'ottone con le lettere mobili usate per comporre i nomi sulle bare cui l'esercito ricorre per i funerali in zone di guerra, e che in Vietnam andavano parecchio.

Il nome di qualcuno scritto da altri, come tributo di rispetto al valore o nel ricordo della sua morte, memoriali composti di colori e lettere, che trasformano muri e serrande in santuari spontanei. Nel nome del nome.

Gli strumenti a disposizione dei primissimi writer sono i pennarelli *fat tip*, quelli con la punta larga, che lasciano un segno visibile anche da lontano e possono agevolmente sparire in tasca, tanto in metropolitana (quando li si usa) quanto nel negozio (quando li si ruba); c'è chi se li autocostruisce assemblando bottiglie di shampoo e spugne imbevute d'inchiostro, in una gara a chi fa il tratto più spesso, finché qualcuno non pensa alle bombolette spray – rapide e indelebili – e la diffusione del fenomeno accelera di colpo.

Il passaggio dal semplice tag al *piece* ("pezzo", abbreviazione di *masterpiece*, "capolavoro") avviene nel 1972, quando Super Kool modifica una bomboletta, adattandovi l'erogatore di uno spray per pulire il forno che usa la madre, e riesce a ottenere un tratto enorme, scrive il suo tag in rosa sulla fiancata di un vagone della metropolitana, ne ripassa il contorno in giallo e i graffiti cambiano livello.

Sarà Phase2 a sviluppare l'idea di *piece*, trasformandola in una vera e propria arte, inventando lo stile delle *bubble letters*, fatto di caratteri simili a palloncini e dipinti in innumerevoli varianti, ognuna distinta da un proprio nome. È di PISTOL1 il primo pezzo in 3D, in cui aggiunge al suo nome un'ombra portata, dando una prima illusione prospettica, mentre Tracy168 è considerato il padre del *wildstyle*, lo stile in cui le lettere diventano frecce e saette, in un'esplosione di colori. Poi arrivano i *puppet*, personaggi tratti dai comics, che si incastrano tra le lettere e iniziano a popolare le carrozze dei treni: il fumettista di maggior ispirazione è Vaughn Bodé, il creatore di Cheech Wizard, un cappello da mago con le gambe che sarà ritratto in centinaia di *piece*. Nell'arco di pochi anni si passa dal semplice hobby di un liceale annoiato a un movimento artistico articolatissimo, fatto di codici comportamentali ed espressivi molto specifici, le cui regole vengono scritte ogni giorno sulle fiancate dei treni.

Fare il writer diventa un'attività clandestina pericolosa e

i rischi per la propria incolumità sono altissimi: parecchi artisti muoiono folgorati dalla terza rotaia, che scorre in mezzo alle altre e trasporta corrente a 650 volt, altri vengono uccisi durante inseguimenti con la polizia, moltissimi restano feriti o contusi durante la fuga. E più la legge e i controlli diventano stringenti, più la trasgressione si fa gustosa, accrescendo il valore dell'autore e, soprattutto, del suo nome.

12

Improvvisamente accade qualcosa che, per quanto prevedibile, riesce comunque a cogliere tutti impreparati: arrivano gli anni Ottanta.

Nell'aria aleggia una puzza di controrivoluzione che sta spiazzando le piazze e piombando gli anni di piombo; l'escalation di terrorismo culminata nel caso Moro ha lacerato molte coscienze e disilluso i più, compresi i miei genitori, che appartengono a una sinistra moderata e non condividono la lotta armata. Si esce da anni che solo la mia generazione può eventualmente definire "spensierati" e nonostante su questi Ottanta ci si faccia tutti abbastanza conto, vengono guardati con sospetto, come ogni novità.

La prima iniezione di buonumore arriva un'altra volta dal messaggio del presidente Pertini, che in una carrellata di venti minuti evoca gli emigranti, i morti per droga, il terrorismo internazionale, la polizia poco equipaggiata e i diciotto milioni di bambini morti di fame, ma ci rassicura che usciremo da questo *tünel*, pronunciato con una U talmente stretta da doverci passare uno alla volta per poterci salvare tutti.

In televisione debutta il nuovo terzo canale nazionale (la futura Rai 3), ma non fa molto effetto dopo l'esplosione delle tv private di un paio di anni prima, quando le praterie dell'etere sono state dichiarate libere per emittenti che non trasmettono su scala nazionale. Ed è partito l'arrembaggio alle frequenze, generando una galassia pulviscolare di micro tv che passano per tutto il giorno telefilm, cartoni animati, musica folk, notiziari locali e diete dimagranti, con ampie digressioni soft/hard core durante le ore notturne. *Gundam, Jeeg,* il *Grande Mazinga, Yattaman, Sanford and Son* e una miriade di altre serie fantastiche iniziano a incidersi nella mia memoria. E cambiando regione cambia tutto, con altri canali, altri programmi, altri mondi.

Nonostante il mio epicentro sia Caserta, ogni Pasqua si va a Torino (partendo da Napoli, in vagone letto) per andare a trovare i nonni materni e una manciata di parenti dei miei genitori, mentre a Natale e d'estate si migra a Palermo, arruolati nell'esercito della famiglia di papà. O meglio: della famiglia materna di papà, i La Bruna di Monreale, perché la componente Di Gesù non è mai stata numerosa. La compagine annovera negli anni Ottanta dieci decani, più di venti cugini tra i venti e i quarant'anni, sei bambini e una varietà di collaterali e avventizi che ruotano durante l'estate. Teatro delle operazioni, una grossa casa a Giacalone, frazione dell'entroterra palermitano, divisa tra le varie famiglie e corredata di un grande terrazzo in comune, con una serie di appezzamenti punteggiati da alberi da frutta, fichi e qualche ulivo e giù, in fondo, *la casetta,* un prefabbricato che i miei hanno acquistato nei primi anni Settanta e che è la nostra residenza estiva. Arredata con poster coloratissimi, lontana dai clamori del terrazzo, la casetta rappresenta una meta ambita da ogni membro della famiglia per il riposino pomeridiano, sempre che non sia impegnata come ponte comandi del *Millenium Falcon* o trasformata nella casa mia e di *mia moglie* Chiara (la cugina più vicina d'età, con cui faccio coppia fissa). Tutti mi chiamano Chicco, il soprannome che mi porto appresso fin da piccolo, credo tirato fuori da Germana per scongiurare che diventassi Ciccio, come si usa in Sicilia: ciccio lo sono diventato autonomamente in un secondo tempo.

Per una mia inclinazione a dire le cose che so, anche se non interpellato, mia cugina Maru inizia a chiamarmi UTET, come l'omonima casa editrice enciclopedica, e appena mi vede mi sfotte ammerda, chiedendomi date, formule o definizioni scientifiche di qualsiasi cosa, dalle polpette ai fichi d'India: la *nciùria* ("soprannome" in siciliano) è indubbiamente calzante, il suo uso si diffonde in tutta la famiglia e ancora persiste.

Nella mia famiglia la musica e lo spettacolo sono un ingrediente fondamentale per tenerci uniti: zio Gino – partigiano e comunista di ferro – è un grande appassionato di etnografia musicale e, quando scopre una canzone antica, prima impara a suonarla col suo mandolino e poi l'insegna a tutti noi, con mio padre, suo fratello Vito e altri cugini alla chitarra (minimo tre) e il cugino Francesco al violino. Almeno trenta persone, dai due ai settant'anni, che si ritrovano sulla terrazza a suonare e cantare antiche canzoni siciliane, tutti insieme, tutte le sere. Tutte. E a ballare, perché zio Gino è anche *chiamatùre* ("comandante") di *controdanza*, un ballo figurato che deriva dalla quadriglia comandata francese: i nobili la ballavano nelle loro sale fastose e la servitù, osservandoli dai margini, riproponeva le stesse coreografie nei piani bassi dei medesimi palazzi, emulando il suono dei comandi (per loro incomprensibili) con un *grammelot* franco-siciliano, dando origine a una danza in cui le coppie eseguono complicate e licenziose coreografie e scambi agli ordini del *chiamatùre*. Nella cultura siciliana del Settecento, per molti il momento della danza è l'unico in cui si possa avere un contatto con il proprio innamorato, così il *chiamatùre* intasca vere e proprie mazzette per far scambiare le coppie e "costringerle" a ballare tenendosi a contatto pancia con pancia, petto con petto o bocca con bocca, a seconda del prezzo pattuito. Mazzette a parte, noi la *controdanza* la balliamo sul terrazzo e in più di un'occasione le persone che stanno riempiendo i bidoncini alla vicina sorgente, richiamate da musica e canti, si uniscono alla festa; c'è improvvisazione, ci sono travestimenti, giochi e scherzi. A ogni calar del sole diventa il paese del Carnevale.

Anche quella sera d'estate del 1980 partiamo da Napoli, come d'abitudine, su un traghetto Tirrenia alla volta di Palermo, dove attraccheremo la mattina dopo, verso le sette. Non vedo l'ora di arrivare per mostrare ai miei amici la novità regalo di papà e mamma, ovvero *il baracchino*, radioricevitore a ventitré canali, con il microfono col tasto, il filo a torciglione e il bottone per appenderlo accanto alla radio: anche per me inizia la rivoluzione dell'etere!

Il viaggio in nave è sempre un po' un'avventura: vuoi per l'esotismo del traghetto, col suo labirinto di ponti, boccaporti, corridoi e sale, vuoi per mamma, che è sensibile al mare e rischia di regalare parecchio se non si porta due panini burro e acciughe, meglio della xamamina. Il pezzo forte è rappresentato da Gelsomina, il chow chow che mi hanno regalato nel '77 e che, essendo vietato ospitare animali in cabina, deve restare confinata nelle orrende gabbie sul ponte più alto. Così, in piena notte, immancabilmente ci rechiamo alle sue carceri, l'avvolgiamo in una coperta come se fosse un bambino e la trafughiamo: un rapimento in piena regola.

Pronti a qualsiasi evenienza, ci imbarchiamo. Durante la cena, nel ristorante del ponte principale inizia a circolare la voce insistente di un caso di colera a bordo: suona come una stonatura, in quel luogo così sospeso, fuori dal tempo, fatto di spigolosi marinai strizzati in giacche bianche e posate d'argento ossidate. Usciti da lì veniamo approcciati da un ufficiale, che ci riferisce ancora del sospetto caso di colera e ci consiglia di restare in cabina, per evitare contatti col personale e con gli altri passeggeri, e scongiurare un eventuale contagio che comporterebbe la quarantena, cioè l'isolamento per quaranta giorni al largo del porto di Palermo: la notizia, che per natura intrinseca è virale, si diffonde all'istante. La traslazione di Gelsomina questa volta avviene su una nave fantasma e l'assurdità di portarla in cabina conducendola al guinzaglio sembra l'unica cosa normale in questo strano viaggio, immersi in un silenzio irreale, rotto a intervalli regolari per tutta la notte dai latrati degli altoparlanti di bordo, alla ricerca di un medico.

La sveglia è prevista intorno alle sei, per consentire a tutti gli autisti di raggiungere i veicoli nella stiva e organizzare le operazioni di sbarco, ma questa mattina un marinaio bussa alla nostra cabina e ci chiede di restare dentro, ché il problema della notte non s'è ancora risolto e l'arrivo a Palermo avverrà in ritardo, se avverrà...

Attracchiamo alle due del pomeriggio del 28 giugno e sulla banchina del porto vediamo un gruppo di persone che si abbracciano tra loro, piangendo: sono i parenti dei passeggeri del volo Itavia IH870, decollato la sera prima da Bologna e inabissatosi nei pressi di Ustica.

Persino a Giacalone, il paese del Carnevale, si respira un'aria differente. Nei giorni successivi gli adulti parlano sempre e solo di quell'aereo, delle ottantuno vittime, della bomba, del missile. I miei pomeriggi, invece, sono leggeri, li passo in giro per le campagne, ad arrampicarmi sugli ulivi con gli amici Daniele e Giuseppe, giocando insieme ai miei cugini e trascorrendo ore a parlare alla radio con perfetti sconosciuti.

Passa un mese e il 2 agosto un'edizione straordinaria del telegiornale cristallizza il tempo e tutti rimaniamo immobili ad ascoltare della bomba che un neofascista, ex ragazzino prodigio della pubblicità, ha piazzato nell'atrio della sala d'aspetto della stazione di Bologna, uccidendo ottantacinque persone e ferendone e mutilandone oltre duecento.

All'improvviso su quella terrazza solo la voce della televisione, sul canto delle cicale.

13

Con settembre arriva la prima media alla scuola Gianno-
ne e dunque nuovi compagni, nuovi professori e un'aula
che ho qualche pudore a definire nuova, poiché vi si acce-
de attraverso un ballatoio puntellato da pali alti sei metri:
il famoso sostegno all'istruzione.

Nella classe tutta maschile (l'abisso di barbarie in cui pre-
cipita ogni studente di classe non mista è ben descritto nelle
prime sequenze di *2001: Odissea nello spazio*) due compagni
in particolare si fanno notare per la scioltezza con la quale riescono a fottersene di chiunque, e li trovo una coppia
fantastica: il primo è piccolo, di altezza ben al di sotto della media, biondo, con occhi azzurri vivaci e guizzanti, ri-
petente per la terza volta; il secondo è enorme, sembra un
adulto – probabilmente lo è – e ha un problema al palato
che lo fa parlare male e salivare parecchio. Ogni mattina,
senza un orario specifico, i due si alzano, escono dalla classe, scendono in cortile e si mettono a fumare e molto spesso, prima di rientrare, il grande spacca con la fronte tre o
quattro piastrelle che pesca da un bancale abbandonato là
sotto: coi miei compagni ce li godiamo fintanto che durano.

Mi piacciono le nuove materie, specie francese, tecnologia e musica; il prof di musica è un ragazzo cieco, magro e
minuto che somiglia a Lupin III, sempre accompagnato da

una sorta di Bud Spencer che lo assiste e che durante la lezione siede in cattedra mentre il prof cammina avanti e indietro, schioccando ogni tanto le dita e girandosi di scatto ad ascoltarne l'eco, in un gesto quasi mistico alla Dare Devil. Un giorno un colpo d'aria muove la porta dell'aula, che cigola esattamente le prime due note dell'aria *Libiamo ne' lieti calici* dalla *Traviata* e lui ce la insegna immediatamente. Un paio di mesi dopo un filo d'aria la fa di nuovo cigolare, stavolta l'attacco di *Kobra* della Rettore, ma purtroppo siamo già immersi nel tunnel di *Tu scendi dalle stelle* e la via di fuga, per tutta la classe, sarà solo il giorno di Natale, attraverso la mangiatoia.

È durante una domenica sera di novembre, scandita da domestiche abitudini, che la Natura decide di lasciare il proprio segno su un anno già sfregiato abbastanza dall'Uomo. È il 23 novembre e sul divano di casa papà e io stiamo guardando un episodio di *Agente speciale* (che assieme a *Il prigioniero* e *Kojak* è il nostro telefilm preferito), quando sentiamo un colpo deciso sotto al sedere e pensiamo: sarà Gelsomina, che ama infilarsi sotto al divano e darci le botte col muso. Ma la bestia giace immobile davanti a noi, sdraiata come uno scendiletto fulvo, in uno stato di profonda catalessi. I colpi continuano ovunque, tutto inizia a tremare e mamma, nell'atto di calare una cernia in pentola, urla: «Terremoto!».

Fin dall'antichità è nota la capacità degli animali di prevedere eventi naturali di lieve entità, come un temporale in arrivo. Anche per calamità catastrofiche sembra siano dotati di una sorta di sesto senso e che molte ore prima dell'evento si mostrino irrequieti e allarmati; forse siamo noi che dovremmo smetterla di considerarla un animale, ma Gelsomina, nel pieno di quell'inferno, mostra la stessa reattività di una chiazza di muschio con una coda a ricciolo.

La scossa continua e dopo una decina di secondi la

luce va via e arriva la paura vera; sentiamo cadere libri, piatti, soprammobili e ci ritroviamo a camminare carponi nel corridoio urlando, con papà che trascina il cane, il quale continua imperterrito a fingersi un mattone della Grande muraglia. Intorno a noi un suono mostruoso sale fino a sommergerci, come un sibilo di vento, ma a bassissima frequenza, la somma di tutti i suoni, un soffio fatto di cigolii di ferro e cemento, di tubi e guaine che scorrono nelle tracce nei muri, di servizi di piatti usati una volta all'anno che ribollono nelle credenze insieme a bicchieri che brindano impazziti: il suono di tutte le *cose*. E in mezzo noi tre – quattro con la salma dell'animale – abbracciati sotto l'architrave che Germana ha eletto a bunker appena abbiamo traslocato: qualche anno prima che io nascessi, in occasione del primo impiego che Giovanni aveva trovato presso la sede siciliana della Raytheon-Elsi, i miei si erano trasferiti a Palermo e mamma si era trovata da sola a casa, al quarto piano, durante la prima disastrosa scossa del terremoto del Belice del 1968, e da allora era sempre stata molto previdente in materia di sicurezza sismica.

L'inferno dura novanta secondi, durante i quali i miei dieci anni di vita mi scorrono davanti agli occhi almeno una dozzina di volte, quando urlo, in lacrime: «Cos'ho fatto per meritare questo?». E mio padre, senza un attimo di esitazione: «Ti sei fottuto da solo una stecca di cioccolato!». In quel momento mi sarei accontentato di un diabete.

Novanta secondi ondulatori, sussultori e punitori, che fanno tremila morti, novemila feriti e trecentomila sfollati, con la Natura che sembra rimarcare come non esista il due senza il tre e le sue potenze.

Quando il mostro si ferma, in due passi siamo sulle scale e poi giù, fuori, rifugiati come tutti nel giardino condominiale, una folla spaventata in mezzo a quell'inviolabile quadrato di Natura ancora non ostile; qualcuno in ciabatte, cappotti sui pantaloni del pigiama, capelli forsennati, ognuno colto nella propria tiepida intimità dall'urgenza di fuggire e quindi tutti intimi, solidali con sconosciuti a cui si dà spontaneamente del tu, estranei con cui condividere un racconto comune, *porqué mi barca es tu barca*.

Abbiamo attraversato una soglia tutti insieme e ora si deve proseguire: qualcuno – temerario – rientra in casa giusto il tempo di recuperare coperte e viveri, preparandosi a passare la notte in macchina con tutta la famiglia, altri semplicemente rientrano nelle proprie nuovissime e più che solide abitazioni. Su sei condominii si era staccata una sola piastrella dal rivestimento esterno. Mesi dopo Germana noterà che un candelabro appeso a un chiodo ha lasciato delle tracce a forma di arco sul muro e sulla base di misurazioni e calcoli papà ricaverà che il nostro piano, quinto e ultimo, ha oscillato di quaranta centimetri per parte.

In quel momento l'urgenza per noi è comunicare ai parenti a Palermo e Torino che siamo vivi e stiamo bene. La luce è tornata, ma le linee telefoniche rimangono silenziose. Papà decide di caricarci in macchina e andare a Teverola, alla Indesit, nella speranza che il centralino aziendale con linee dedicate funzioni ancora.

Durante il viaggio intorno a noi sale la nebbia, fittissima, il piazzale antistante la fabbrica è deserto e spettrale; arrivati alla porta d'ingresso ci accorgiamo che l'intera facciata prefabbricata – alta otto metri e lunga quasi duecento – è staccata dal corpo dell'edificio di quasi un metro, come se per scherzo fosse stata sollevata e riposizionata esattamente parallela alla propria posizione originale.

Vuoi per la fitta serie di emozioni, vuoi per un ancora acerbo senso dello spettacolo, sento che è arrivato il momento di alleggerire la situazione e così mi piscio addosso; resto paralizzato come la ragazzina de *L'esorcista* mentre svuoto la vescica nei pantaloni di velluto a coste marron e inondo le Kickers grigie comprate una settimana prima, le uniche che avrei mai posseduto, sputtanandole completamente. È l'ultimo ricordo che ho di quella assurda serata. E, siccome le disgrazie non vengono mai sole, a quei terrificanti pantaloni di velluto a coste è bastato un solo lavaggio per tornare come nuovi.

14

Il 1981 è l'anno in cui il rap si diffonde nel mondo e il merito va principalmente a due biondine. La prima è Debbie Harry, regina del punk newyorchese, che con la band Blondie da qualche tempo incendia le notti della città, fa parte del giro di artisti più influenti del momento e ovviamente frequenta la Factory di Andy Warhol come fosse una seconda casa: il sodalizio artistico con il genio della pop art la consacrerà come icona degli anni Ottanta e il suo ritratto in rosa lo valuteranno, trent'anni più tardi, oltre cinque milioni di dollari.

La musica è solo uno dei canali espressivi attraverso cui Debbie Harry comunica e, grazie al vivace temperamento, al talento eclettico e alla straordinaria bellezza, oltre a Warhol riuscirà a stregare il regista David Cronenberg, che la vorrà come protagonista femminile del suo *Videodrome* (1983), e l'artista svizzero H.R. Giger (ideatore delle creature e delle ambientazioni neogotiche del film *Alien*), che la ritrarrà con lunghi spilloni conficcati nelle guance per la copertina del suo primo album solista.

Sul finire degli anni Settanta Debbie conosce un writer, Fab 5 Freddy, artista multiforme, molto aperto e curioso, sempre alla ricerca di possibili contaminazioni culturali: un vero aggregatore di diversità che per primo ha colto il valore artistico del writing e che, insieme all'amico e collega Lee Quinones, nel 1979 realizza la prima mostra di graffiti fuori da New York, presso la galleria La Medusa di Roma. Debbie lo presenta a Warhol e alla crema degli artisti che operano downtown, tra feste e gallerie negli ambienti della creatività pop e punk. Freddy, a sua volta, introduce i Blondie alle feste di Grandmaster Flash nel Bronx, immergendoli totalmente nel nascente hip hop. Flash racconterà di quando in mezzo al suo pubblico, composto esclusivamente da neri e ispanici, vide apparire una singola testa bionda che facendosi strada nella folla si avvicinò e gli disse: «È strabiliante vederti usare i giradischi: scriverò una canzone su di te!».

Rapture esce come singolo nel gennaio del 1981 e la sua base disco-funk, quel suono di campana scelto per la melodia principale e la voce sinuosa di Debbie Harry lo rendono un instant classic; a metà del pezzo Debbie inizia a rappare, nominando Fab 5 Freddy e Flash, e andando avanti con delle rime surreali, parlando di marziani che divorano le automobili e altre facezie, ma rappa con grande leggerezza una strofa bella lunga. La canzone vola in testa alla classifica ed è la prima volta che un disco contenente elementi di hip hop raggiunge quella posizione.

Viene anche girato un video, in cui compaiono writer come Fab 5 Freddy e Lee intenti a dipingere una parete e persino Jean-Michel Basquiat, l'enfant prodige della pop art, che finge di fare il dj in sostituzione di Grandmaster Flash, il quale non si è presentato per le riprese. Non solo è il primo video con così tanti elementi hip hop a essere programmato dalla neonata MTV (il giorno dell'inaugurazione del canale lo trasmettono due volte), ma entra nella prima selezione in alta rotazione: tutti lo vedono, specialmente il pubblico bianco, per mesi. Il successo è internazionale e siamo in molti a scoprire il rap ascoltando *Rapture*, a iniziare a drizzare le orecchie appena si sente quella cadenza sul beat.

La seconda bionda che ha portato il rap alle masse, anche se più contenute rispetto ai Blondie, si chiama Tina Weymouth ed è una bassista. Lei e il marito batterista Chris Frantz costituiscono la sezione ritmica dei Talking Heads, la band di David Byrne, forse la meno inquadrabile in un genere della storia. Sono amici di Chris Blackwell, il fondatore della Island Records, la casa discografica nata in Giamaica che ha fatto conoscere al mondo Bob Marley e il reggae, nonché influenzato il sound degli anni a venire con artisti come Grace Jones, Sly & Robbie, Roxy Music e U2. Blackwell nutre un amore particolare per le sezioni ritmiche e mette Tina e il marito sotto contratto con il loro nuovo progetto Tom Tom Club, invitandoli a registrare nel suo studio alle Bahamas. Dopo tre giorni nasce *Wordy Rappinghood*, un pezzo completamente rap che ha come argomento le parole e il loro peso, con una piccola parte in francese e il ritornello mutuato da una filastrocca marocchina: è allegro, sembra quasi un gioco e i bambini lo adorano. In qualche modo è entrato anche nella nostra cultura nazionale, ispirando un creativo per la campagna Galbusera con "*Mago G, Mago G, apri gli occhi, chiudi la bocca*", il motivetto che è tatuato nella nostra memoria collettiva come un tribale fatto da ubriachi.

E mentre due voci femminili propagano il rap su scala planetaria, in Italia il cantautore pompeiano Pino D'Angiò incide *Ma quale idea* e, descrivendo un immaginario in bilico tra Fred Buscaglione e il tenente Sheridan, arriva a vendere due milioni di copie in Italia e altri milioni nel mondo, diventando quello che da molti è considerato il primo disco rap europeo. È la seconda canzone a entrare stabilmente nella classifica inglese dopo *Nel blu dipinto di blu* e lui rimarrà l'unico italiano ad aver vinto il prestigioso Rhythm & Soul Award, almeno fino al 2019.

Tuttavia a casa nostra il rap non esplode e negli anni successivi usciranno pochi dischi, incisi da artisti che lo utilizzano sempre e solo come un divertente elemento esotico. Non esiste ancora una conoscenza dell'hip hop abbastanza diffusa e nei primi anni Ottanta i passaggi di brani rap nelle radio italiane sono davvero troppo episodici per poter sperare che diventi un fenomeno di massa. Così gli esperimenti di Antonello Fassari (*Roma di notte*), DJ Look (*Càpita*), Andy Luotto (*Eat La Pizza Pie*) e la Band of Jocks (*Let's All Dance*) rimangono dei successi relativamente limitati e abbastanza stagionali, con l'eccezione di

Stop Bajon di Tullio De Piscopo, che insieme al pezzo di D'Angiò diventa un classico.

I contenuti dei testi italiani sono allineati a quelli d'oltreoceano, e dunque di pura autopromozione, passando dalla vanteria per le proprie capacità liriche e amatorie al dileggio degli antagonisti nei rispettivi campi, spesso raccontati con tratti caricaturali ed enfatici e con frequenti incitamenti al pubblico. L'atmosfera normalmente è festosa, leggera, un inno al disimpegno in cui l'mc descrive se stesso come il più figo di tutti, quello che se la spassa alla grande e che vive nel lusso sfrenato o, meglio, nell'idea di lusso sfrenato che un ragazzino del Bronx può avere. I rap italiani dei primi anni Ottanta mancano, tuttavia, di qualsiasi riferimento alla cultura hip hop e quindi non ci sono accenni a temi come la *battle*, ovvero la sfida pubblica in cui due o più mc si confrontano a colpi di rime, o al *dissing*, forma abbreviata di *disrespecting*, l'insulto diretto all'avversario, registrato su disco e innesco per scaramucce tra le crew rivali, che possono trasformarsi in vere e proprie faide, come quella che porterà alla morte di Notorious B.I.G. e Tupac Shakur.

Un discorso a parte in Italia lo merita *Prisencolinensinainciusol* di Adriano Celentano, canzone del 1972 furiosamente fuori dagli schemi (un adesivo in copertina recita: 1° IN CLASSIFICA IN TUTTO IL MONDO NEL 1978, DATI FORNITI DAL CENTRO ELETTRONICO DEL FUTURO) considerata uno degli esempi strutturalmente più solidi di paleo-rap; la differenza rispetto al rap è la totale assenza di contenuti letterari, essendo una canzone sull'incomunicabilità con un testo in *grammelot* finto inglese simile allo *scat*, lo stile di improvvisazione vocale tipico del jazz, reso celebre tra gli altri da Ella Fitzgerald, Cab Calloway in *The Blues Brothers* e qui da noi da Lucio Dalla e Gegè Telesforo. Tuttavia la *forma* del pezzo di Celentano è ineccepibile, sostenuta da quel beat trascinante, uno dei break più potenti della musica italiana, capace di far muovere i culi più ostinati e fare impazzire anche me, bambino a molla davanti a una tv in bianco e nero.

E, visto che siamo in tema, nel mio gusto personale la palma d'oro va a Pippo Franco e alla sua *Chì chì chì Cò cò cò*, presentata fuori concorso al Festival di Sanremo 1983, che ritengo – senza offesa per nessuno – il paleo-rap italiano con la metrica più friccicarella.

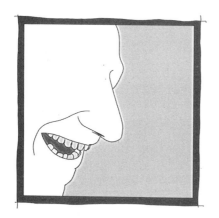

New York in questi anni è un ribollire magmatico di nuovi artisti e il rap si consolida come *the new big thing*. Kurtis Blow, The Treacherous Three e Kool Moe Dee, The Funky 4+1, un'escalation di gruppi che si formano intorno ai dj e che riscuotono sempre più interesse da parte di etichette discografiche a caccia della nuova hit, attirati evidentemente dai rapper, gli elementi più innovativi e commercializzabili. Grandmaster Flash & The Furious Five sono una realtà ormai consolidata nel sottobosco discografico dell'epoca, di grande successo e con un pubblico fedele. La maggiore attenzione degli operatori di settore e del pubblico fa tuttavia crescere i malumori dei Five nei confronti di Flash, che gestisce tutti gli aspetti economici del gruppo e che – secondo loro – li paga un'elemosina. Inoltre nei dischi finora usciti non si sente traccia di Grandmaster Flash, nel senso che viene nominato molte volte, appare in copertina, ma non si sente mai un suo scratch o un beat prodotto da lui. Nel 1981 sono sotto contratto con la Sugar Hill Records e Flash, che finora ha sempre guardato con un certo scetticismo alla discografia – arrivando a rifiutare le iniziali offerte di Sylvia Robinson perché "a chi interesserebbe ascoltare una delle nostre feste?" –, probabilmente avverte che la figura del dj sta passando in secondo piano e che gli mc lo stanno scavalcando. Chiede e ottiene, quindi, una traccia tutta per sé, senza rapper e band di supporto. Gli basteranno due giradischi, un mixer e sei dischi in doppia copia (inclusi *Rapture* e *Good Times*) per registrare *The Adventures of Grandmaster Flash on the Wheels of Steel*, sette minuti registrati consecutivamente, senza tagli o montaggi, in cui applicherà la teoria del *quick mix* e finalmente si deciderà a far capire al mondo perché è il più grande di tutti.

15

La colonna sonora del 1981 la costruisco insieme a Emilio, il mio amico appassionato di costumi, e Luca Mattiussi, il dirimpettaio, che frequento già da qualche anno. Compriamo 45 giri e registriamo cassette dalla radio e dalla tv; l'annata è buona e ci regala hit come *Fade to Gray*, *Enola Gay*, *Per Elisa*, *Bette Davis Eyes* e *Gioca Jouer*, oltre evidentemente a *Donatella*, il singolo della Rettore, perché pure Luca è un suo seguace: la canzone – il cui il testo ruota intorno al fatto che la parte "Donatella" della cantante è morta nei modi più strampalati e che bisogna rivolgersi a lei chiamandola Miss Rettore – rappresenta una delle più efficaci operazioni di branding della storia della musica e merita un'approfondita analisi sul piano della metacomunicazione. Speriamo che qualcuno prima o poi la faccia.

Franco, il progettista di astronavi che nel frattempo si è trasferito fuori città, è purtroppo meno presente, ma il nuovo trio che costituisco con Emilio e Luca ha finalmente un po' di musica, almeno come sottofondo. Le nostre attività sono tutte concentrate sull'organizzazione di feste a tema horror/fantasy, in cui allestiamo un'intera stanza della casa con scenografie, luci ed effetti sonori e la trasformiamo, per esempio, in una segreta medievale o in un luna park, creando un'ambientazione adeguata alle rappresentazioni in costume che avremmo messo in scena.

A ripensarci oggi, non è che fossero delle vere e proprie feste; eravamo più una compagnia di creativi che organizzava *happening* teatrali per un pubblico di invitati, con l'attenzione tutta concentrata sullo show, per la realizzazione del quale (tra ideazione, progettazione, reperimento materiali e messa in opera) impiegavamo più di un mese: lo spirito da *makers* continuava a ribollire forte in noi.

La prima "festa" che organizziamo è quella di Silvia, sorella di Luca, evento per il quale ho difficoltà a individuare un tema specifico, forse horror/peplum: il pubblico è accolto nella cameretta dei ragazzi, svuotata di tutti mobili escluso l'armadio (perché va bene Smallywood, ma la produzione ha pure dei limiti), allestita con scenografie di carta da pacchi e cartone a ricreare un ambiente alla *Incanto sotto il mare*, ben quattro anni prima della omonima serata di *Ritorno al futuro,* dove Marty McFly bacia sua mamma. Negli angoli sistemiamo un paio di bacinelle d'acqua, sul cui fondo piazziamo degli specchi, in modo che riflettano il movimento delle increspature sui muri e diano un'atmosfera subacquea alla nostra rappresentazione: non ricordo la sceneggiatura, ma sono sicuro che Emilio interpretasse Nettuno, Franco Mercurio, Luca Ade e io un tritone in lotta con un'orrida creatura sottomarina, ricavata da un salsicciotto antispiffieri ricoperto di plastica bollosa.

Lo spazio a disposizione del pubblico è purtroppo limitato dalle faraoniche installazioni scenografiche e si può assistere solo a piccoli gruppi, costringendoci a una serie di tre o quattro repliche consecutive, da una decina di minuti l'una. Finita la rappresentazione, partono il rinfresco e le danze in tinello, in ossequio alla tradizione della *festadellemedie*; speriamo che gli ospiti si divertano, perché non abbiamo tempo di partecipare a questa fase, siamo troppo impegnati a stravolgere la disposizione della stanza, cambiando le luci da blu a rosse e indossando i costumi per il secondo atto, ambientato all'inferno! Ciò che altrove è considerato *la festa*, ovvero le pizzette e i lenti, per noi rappresenta solo l'intervallo, un tempo tecnico, il cambio di scena: ragioniamo in tutto e per tutto come una produzione e nel profondo del cuore sogniamo una macchina del fumo.

Giovanni e Germana per quel Natale 1981 giocano una bella *fiche* sul mio futuro e mi regalano il primo walkman: marca Daniel Sound, pesante quanto un mattone di pari dimensioni, ma capace di dare una leggerezza mai sentita.

Sul fronte delle cassette regalate a corredo devo dire che purtroppo parto maluccio, visto che nel passaparola tra parenti qualcuno ha pensato di accodarsi al regalo dei miei, così mi ritrovo la colonna sonora di *E.T.* e l'album *Buona fortuna* dei Pooh, che mi pongono una domanda pertinente: *Chi fermerà la musica?*

Sicuramente non Afrika Bambaataa, che al grido di *Don't Stop* la farà schizzare avanti anni luce.

La rivoluzione avviene nel 1982 grazie a uno strumento musicale concepito per accompagnare organisti e tastieristi: la batteria elettronica Roland TR-808.

ROLAND TR-808

Nata dal genio creativo di Ikutaro Kakehashi, Roland emerge come società di produzione di strumenti musicali elettronici dalle ceneri della Ace Electronic Industries, che già realizzava moduli ritmici da abbinare a organi e pianole. Questi moduli, studiati per essere appoggiati sopra agli organi Hammond, all'interno del loro involucro di legno contenevano circuiti elettrici capaci di riprodurre suoni percussivi molto primitivi e per niente simili a quelli prodotti da una batteria vera.

I vari disegni ritmici erano preimpostati e selezionabili attraverso una pulsantiera coi tasti marcati *Samba*, *Bossa nova*, *Valzer* e così via, e gli unici controlli disponibili erano due manopole per volume e velocità.

Questi prodotti erano progettati per andare incontro alle esigenze di chi non aveva a disposizione un batterista per la realizzazione di un demo o per esercitarsi nella propria camera su un accompagnamento, al massimo per movimentare un pomeriggio in una casa di riposo per anziani, e non erano sicuramente intesi come strumenti utilizzabili in un live o in una registrazione discografica.

Con la nascita di Roland inizia una ricerca specifica e nel 1978 vede la luce il primo modello di batteria elettronica programmabile, che dà la possibilità di comporre una propria ritmica, ma pur sempre piazzandosi in casa un bello scatolone di legno pieno di manopole.

Sarà la concorrenza dell'americana Roger Linn Design a spingere Kakehashi a progettare un nuovo strumento capace di tener testa agli avversari, i quali, con la scelta di utilizzare veri suoni di batteria campionati, sono diventati un osso duro; la Linn LM-1 utilizza infatti suoni di tamburi e piatti veri che sono registrati all'interno di microchip, tecnologia che all'inizio degli anni Ottanta costa un'enormità e fa lievitare a cinquemila dollari il prezzo al pubblico, rendendola un prodotto di nicchia.

La risposta di Roland deve necessariamente essere più a buon mercato, e sceglie così di ricorrere a circuiti elettrici e transistor che, pur offrendo suoni distanti dalla fedeltà dei rivali americani, sono ampiamente programmabili, consentendo di modificare più parametri per ogni singolo suono (come intonazione e volume) e di memorizzare internamente centinaia di sequenze composte dall'utente.

Kakehashi, votato al risparmio a tutti i costi, acquista una partita di transistor difettosi e inizia a sperimentare insieme ai suoi ingegneri, cercando di ottenere dei suoni plausibili: la leggenda vuole che un suo collaboratore abbia versato per errore una tazza di tè sul circuito su cui stava lavorando e che abbia poi impiegato alcuni mesi a riprodurre il suono che ne era accidentalmente risultato, quello che sarebbe diventato il caratteristico *piatto* della neonata TR-808.

L'accoglienza che nel 1980 viene riservata a questa *drum machine* è abbastanza tiepida e – nonostante il prezzo di listino di 1195 dollari – il fatto che abbia dei suoni non troppo realistici finisce per renderla poco appetibile alla massa.

Sebbene il suo timbro caratterizzi *Sexual Healing* di Marvin Gaye, contribuendo al suo rilancio, sarà *Planet Rock* di Afrika Bambaataa e Arthur Baker a mostrare a tutti il potenziale di questo strumento dal suono elettrico schioccante e a rendere la TR-808 non semplicemente un must in tutti i dischi che sarebbero venuti successivamente, ma l'elemento originario (sempre necessario e spesso sufficiente) di interi generi musicali come hip hop, electro, house, techno e più recentemente trap: in pratica la Fender Stratocaster della nuova generazione.

Tra il 1980 e il 1983 ne vengono prodotti dodicimila esemplari, poi la partita di transistor bacati finisce. La tecnologia è nel frattempo progredita e non capitano più transistor con quel tipo di difetto. Quando Kakehashi prova a usare un transistor *buono* i suoni risultano completamente diversi, privi della brillantezza che era il carattere di quello strumento rivoluzionario.

Così nel 1983 la TR-808 esce di produzione e i suoni che sentiamo nelle canzoni oggi in classifica escono da uno di quei dodicimila esemplari, vecchi di quasi quarant'anni, ancora in giro a far ballare il pianeta.

Afrika Bambaataa, nella continua ricerca di nuovi ritmi e sonorità da proporre al pubblico dei propri party, si imbatte nella musica elettronica sperimentale di due gruppi, molto distanti da lui in tutti i sensi: i giapponesi Yellow Magic Orchestra (la band di Ryuichi Sakamoto) e i tedeschi Kraftwerk. Il sound degli algidi e rarefatti tedeschi, con quell'aspetto tra il sintetico e il malaticcio, cattura Bambaataa, che vuole assolutamente trasportarlo nel proprio mondo e contaminarlo con la propria idea di afro-punk, di musica fatta per unire e raccogliere culture diverse in un singolo flusso sonoro.

Insieme al produttore Arthur Baker, Bambaataa trova un'inserzione in cui un certo Joe offre a venti dollari l'ora il noleggio di una TR-808 e la propria abilità di programmatore: i tre passano l'intera giornata a registrare sequenze su sequenze, riproducendo tra gli altri i beat di *Numbers* e *Trans Europe Express*, due hit dei Kraftwerk. Il giorno dopo la crew di Bambaataa, i Soulsonic Force, entra in studio per rappare e – nonostante la notevole velocità del pezzo e sebbene qualcuno non si ricordi la propria parte – realizza *Planet Rock*, il punto di svolta musicale più importante per l'hip hop da quando Grandmaster Flash ha inventato il loop con un pastello.

Il successo è istantaneo e la Tommy Boy Records, l'etichetta che pubblica il disco, finisce sulla bocca di tutti con le oltre seicentomila copie vendute; il pubblico si trova ad ascoltare qualcosa di completamente nuovo, un suono che, nonostante provenga da strumenti elettronici, risulta caldo e frizzante, e al quale è impossibile resistere.

Nei concerti che seguono l'uscita del disco, Bambaataa e i suoi tre mc si presentano sul palco in un tripudio di kitsch da fare invidia a Momo, il re del carnevale di Rio: Pow Wow ha un copricapo apache e una giacca fatta di cravatte dorate, G.L.O.B.E. indossa un cappello da pappone in camouflage fucsia e i guanti di Hydargos (uno dei nemici di Goldrake), Mr. Biggs ricorda Abraracourcix (il capo del villaggio di Asterix) ma in versione nero e oro, mentre Bambaataa è praticamente un vichingo sadomaso che fa il gesto delle corna, ma con loro l'hip hop esplode in una festa planetaria.

16

Io ignoro l'esistenza di *Planet Rock* per almeno un paio d'anni: nel 1982 sono in seconda media, in un'aula meno sgarrupata della precedente, purtroppo senza il piastrellista e il suo socio, ma con un nuovo compagno che arriva fresco fresco da Chivasso e abita nei palazzi che hanno appena finito di costruire di fronte al mio. Marco Rivetti è il primo amico-compagno-di-scuola della mia vita: fino ad allora non avevo, infatti, mai frequentato nessuno dei miei compagni di classe, se non in sporadiche occasioni e mai con l'intensità che avevo con Franco, Emilio e Luca.

La famiglia Rivetti sembra uscita da un telefilm americano, con due genitori giovani e belli e tre figli (Andrea, Marco e Francesca) pieni di curiosità, passioni, energia: il secondo giorno che vado a casa loro porto le carte da far firmare per l'affido congiunto insieme ai miei.

Con Marco e suo fratello Andrea, di un anno più grande, facciamo subito squadra, anzi *squadriglia*, visto che pieni d'entusiasmo entriamo nei boy scout AGESCI. La sede della sezione Caserta2 è una chiesetta sconsacrata del Settecento non distante dalla Reggia, un piccolo edificio che non trae particolari benefici dalla presenza di quell'orda di vitelli in bermuda di velluto blu che vi si riunisce. La prima squadriglia di cui facciamo parte è la neonata Cobra, colori arancio/nero, guidata con piglio paramilitare da Agostino, che oggi immagino sia a capo delle *Black Ops* in qualche stato sudamericano. Le attività non sono troppo varie, si impara a fare i nodi, a confezionare cordini, a legare paletti insieme; poi, dopo la session di *bondage* e per mantenere alto l'umore, si va a messa nella chiesa di San Sebastiano e quando torniamo in sede si dà giù di riflessioni. Ora – pur rispettando l'opinione altrui –, io a messa mi sono sempre annoiato tremendamente, non mi è mai riuscito di memorizzare la formula che il prete dice dopo "Ripetiamo..." (che è diversa ogni volta e mai comprensibile) e non sopporto quando si canta: non so a chi sia venuto in mente di mettere delle note sotto a un testo in prosa, pensando che ciò fosse sufficiente a rendere *cantata* una messa, ma non funziona così e quegli assurdi sali-scendi-finto-gregoriano con parole che non fanno rima e manco stanno in metrica mi sembrano una penitenza sproporzionata, non solo per un musicista.

Fortunatamente alle riunioni a un certo punto si smette di riflettere e si fanno i *bans*, che sono delle specie di giochi dove uno dice una cosa e/o fa un'azione e tutti la ripetono: io mi diverto, soprattutto perché mi ricordano certi giochi che faccio a Giacalone fin da bambino, con mia nonna Mariulì, le zie e tutti gli altri; giochi semplici come *Commare mi trema*, dove il tremore di una gamba a ogni turno si propaga al vicino e finisce con le convulsioni di tutti i partecipanti, o *Tieni questo palico*, in cui ci si passa uno stuzzicadenti facendo facce buffe e ridicolizzandosi. Un intrattenimento indimenticabile, ma che definirei abbastanza basic.

Tuttavia l'aspetto che preferisco della vita scout sono le uscite con lo zaino in spalla, tutta un'altra cosa rispetto alle riflessioni in sede e, anche se non ci si avventura mai in posti troppo distanti dalla città, il gusto è unico.

Passo alla squadriglia Scoiattoli con Andrea, un po' prima del campo estivo che quest'anno ha luogo a Piedimonte Matese, per la durata di giorni quattordici. Il programma prevede tre giorni di marcia d'avvicinamento, poi l'incontro con le altre squadriglie e la creazione del campo, con varie attività di gruppo. Ogni squadriglia deve realizzare il proprio *angolo*, completo di mensa, cucina da campo, cambusa e – ovviamente – tenda: noi Scoiattoli siamo delle pippe nere, la mensa che tiriamo in piedi è un tale accrocco di paletti che ricorda più una partita a shanghai e, il giorno in cui il caporeparto è nostro ospite per pranzo, basta appoggiarci su la pentola con la pasta per farla crollare e rimanere tutti a digiuno. Nascosto dietro a una lacrima di commozione e invidia, guardo l'angolo dei Cervi, con la loro tenda su palafitta e la doccia calda, mentre con Andrea andiamo a lavare quella pentola, inutilmente sporca.

Nel pomeriggio dell'11 luglio una delegazione dei capisquadriglia si reca nella tenda del caporeparto a negoziare un'uscita serale per tutti: c'è la finale contro la Germania e trattenere una ventina di adolescenti campani in una simile occasione rischia di essere poco salutare. L'accordo raggiunto prevede il diritto a utilizzare il furgone per spostarci in gruppo e il rientro al campo appena terminata la partita.

Il bar di Piedimonte è perfetto e ci accoglie generoso, coi suoi tavoli ricoperti di quella formica azzurrina, frustata da generazioni di briscole, con una bella collezione di patatine secolari e alcune bottiglie di amaro che Garibaldi portò dalla Calabria, ma Vittorio Emanuele dimenticò a Teano. Ci accalchiamo euforici e chiassosi ai piedi del Rex Realcolor 21 pollici, troneggiante su un'altissima mensola, comprato apposta per i Mondiali e che sta per ripagarsi completamente. Vi lascio immaginare la partita, anche perché né a me né ai Rivetti il calcio è mai interessato e guardarlo giocare in tv men che meno. Fortuna vuole che verso il fondo del locale, tra il distributore di noccioline giurassiche e la porta del bagno, un polveroso *Space Invaders* lampeggi tremulo nella penombra. I videogiochi sono un'altra passione che abbiamo in comune. La prima console che possiederò sarà una PlayStation, ma questo avverrà quattordici anni più tardi. Per il momento Andrea e io siamo accaniti frequentatori di sale giochi. Lo standard del 1982 è rappresentato da giochi come *Donkey Kong*, *Frogger*, *Pac-Man*, abbastanza più alto rispetto a quello di *Space Invaders* (1978), che sembra già un dinosauro, con il suo schermo in bianco e nero e le strisce di plastica colorata trasparente a simulare i colori; tuttavia ci aggrappiamo a quel joystick come a un'ancora di salvezza.

Come l'annoiato marito che, trascinato all'opera da una volitiva e determinata consorte, s'appisola sulla poltrona di velluto e al primo scroscio d'applausi si sveglia di soprassalto unendosi al coro dei *bravo!* con entusiasmo eccessivo, così noi tre sul gol di Rossi, improvvisamente posseduti dal sacro fuoco azzurro, scattiamo insieme a tutti a far casino: i foulard rimangono al collo solo perché *Rambo* sarebbe uscito cinque mesi dopo, ma il tumulto esplosivo della vittoria scatena un vero baccanale, una festa pagana che ci trascina in un carosello forsennato, con tutti sul furgone a girare intorno alla piazza principale: quella del bar.

Il giorno dopo l'intero reparto è in punizione, un po' per le intemperanze della sera precedente, perché con quel carosello abbiamo *disonorato la divisa* (tutti la chiamano divisa, nonostante sia un'uniforme), un po' per una bottiglia di nocino, acquisita – pare – con metodi poco ortodossi e che ha fatto star male Marco Rivetti, l'unica bandiera ammainata della giornata: I-ta-lia! I-ta-lia!!!

La mia esperienza con gli scout si concluderà una domenica di pochi mesi dopo, quando un compagno di reparto un po' zelante e parecchio stronzo mi caccerà dalla sede con ignominia, per aver preferito partecipare quella mattina a una maratonina invece di andare a riflettere sulla magnificenza di 'sto cazzo insieme agli altri: se quel cretino ha un peso, penserò allora, questo posto non è fatto per me.

Tornato dal campo, riparto immediatamente coi miei con

destinazione Giacalone, dove per la prima volta mi porto il walkman: giusto il tempo di comprare una cassetta di quelle che ti cambiano la vita, che avrei ascoltato per tutti gli anni a venire e che nella luce della Sicilia mi ipnotizza per l'intera vacanza. *La voce del padrone* è un viaggio di scoperta, con Franco Battiato a dirmi cose, tante e varie cose, buffe, dotte, astruse. *Cose* che però suonano meravigliosamente, non come il caos primordiale del terremoto, e i pensieri stessi che abitano in tutte le canzoni del disco sono *cose*, collezioni di oggetti splendidi, una *Wunderkammer* in cui poter saltare come un pazzo senza rompere nulla.

17

Anche nel caos le *cose* meritano di essere tuttavia raccontate, di essere organizzate, almeno con le parole. La babele di miseria e macerie del Bronx viene descritta per la prima volta in un rap, pubblicato il 1° luglio 1982, giusto quando la prima vescica sul cammino per il campo scout inizia a intiepidirmi i calzettoni: *The Message* di Grandmaster Flash & The Furious Five racconta con lucidità il panorama di disperazione dei quartieri in cui vivono, senza i mezzi per potersene andare. Un mondo fatto di ratti, scarafaggi, prostitute, tossici, pusher, papponi, poliziotti, tv spazzatura, debiti, studi abbandonati, lavori perduti, arresti, detenzioni, suicidi. Sembra un documentario sull'inferno, in cui il processo per raggiungere la dannazione è descritto con parole semplici, su un beat ipnotico che accompagna attraverso i gironi, molto hip hop, molto realista: *The Message* è il primo rap il cui contenuto non parla di party, bella vita e quanto siano fighi i rapper, aprendo il territorio a una lunga serie di artisti che sceglieranno quella forma dell'hip hop per comunicare idee di natura politica e di critica sociale, e a cui starà a cuore un reale progresso culturale del pubblico. Io stesso ho dedicato quasi tutte le mie canzoni a temi di interesse collettivo, connessi a problemi e tensioni sociali, per suggerire visioni di una realtà da affrontare tutti insieme, e anch'io ringrazio Grandmaster Flash & The Furious Five. O meglio: Sylvia Robinson, Duke Bootee e Melle Mel. Ma andiamo con ordine e torniamo indietro di qualche mese.

Sylvia Robinson è continuamente a caccia di nuovi artisti da scritturare per la Sugar Hill Records e vuole a tutti i costi avere Flash e la sua crew. Duke Bootee è un compositore e musicista che lavora per l'etichetta discografica e che un giorno, tamburellando su una bottiglia durante una pausa, suona un ritmo che cattura Sylvia, la quale gli chiede di registrarlo. Dopo qualche tempo, in una fase in cui è alla ricerca di idee per realizzare canzoni da far interpretare ai propri artisti, Sylvia si ricorda di quel beat tribale e chiede a Duke di lavorarci un po' su, di farsi venire qualche idea. Pur non essendo un rapper, a Duke escono di getto due frasi: *"Don't push me 'cos I'm close to the edge, I'm trying not to lose my mind"* ("Non spingermi perché sono vicino al limite, sto provando a non perdere la testa") e: *"It's like a jungle sometimes it makes me wonder how I keep from going under"* ("Qualche volta è come una giungla, mi meraviglio di come faccia a non sprofondare"). Sono frasi potenti, evocative, che guardano in una direzione nuova per il genere e Sylvia, dal fiuto infallibile, gli chiede di sviluppare l'idea fino a farne un pezzo. Le due frasi diventano il ritornello, Duke scrive altre quattro strofe e le registra come provino da sottoporre ai gruppi, per proporre loro di farne un disco.

Inizialmente lo fanno ascoltare alla Sugarhill Gang, ma i ragazzi lo rifiutano schifati. Sylvia allora lo propone a Flash e ai Furious Five, ma il dj afferma lapidario: «La gente non si vuole portare appresso i problemi quando va in discoteca» e se ne va ridacchiando, insieme agli altri. Solo Melle

Mel si fa convincere da Sylvia, che continua a credere appassionatamente nel progetto.

Melle Mel, leader dei Furious Five, fa parte del primo nucleo di mc che inizia a girare con Flash, un vero rapper da battaglia, oltre che bravo autore. È l'unico membro del gruppo che contribuisce alla registrazione di *The Message*, aggiungendo una propria strofa che già era stata pubblicata in una precedente canzone, *Superrappin'*. Il risultato è un pezzo in cui Melle Mel rappa due strofe scritte da Duke Bootee più una che già aveva inciso tre anni prima, mentre Bootee (che, ripeto, non è un rapper) esegue le altre due strofe: fine.

Né Flash né gli altri quattro furiosi partecipano al pezzo che li consacrerà nell'Olimpo della musica, la Rock'n'Roll Hall of Fame, che li trasformerà in una pietra miliare posta in corrispondenza di uno dei bivi fondamentali della musica moderna: avranno il nome su un pezzo che non volevano e che non hanno contribuito a creare, uno dei più importanti della storia dell'hip hop.

Sylvia, che già vede Flash come un poderoso dito nel culo, fa registrare una coda alla canzone agli altri quattro mc, una gag abbastanza fiacca in cui fingono di incontrarsi per strada amichevolmente, scandendo bene i propri nomi, ma arriva una macchina della polizia che li arresta tutti. Nel video che viene girato li vediamo bighellonare alle spalle di Melle Mel e nella parte di Duke Bootee c'è Rahiem (un altro dei Five) che fa il *lip-sync* di una voce che non è la sua. Sarà comunque un successo planetario e nei juke-box italiani finirà sul retro di *Una splendida giornata* di Vasco Rossi.

È veramente curioso come quello che è considerato *il* rap per antonomasia, indicato dai maestri come ispiratore di altrettanti capolavori, espressione della *consciousness* della più pura cultura hip hop, nasca dal talento di un autore che con l'hip hop non c'entrava nulla e dalla caparbietà di una imprenditrice: l'hip hop si conferma essere una meravigliosa creatura bastarda, figlia di madri e padri imprevedibili. Forse *il messaggio* è proprio questo.

18

Papà è bravo nel suo lavoro, sempre attento alle novità e alle tendenze, e ha capito da un po' che il mercato dei televisori in bianco e nero si estinguerà rapidamente; così decide di attuare un'importante conversione dello stabilimento, orientandolo alla produzione di monitor a fosfori verdi per personal computer, di cui inizia a esserci parecchio bisogno. Ma, nell'ambito di questa radicale opera di trasformazione, la vecchia linea di produzione andrebbe in disarmo, pur essendo perfettamente funzionante. A Giovanni la cosa non piace per niente, quell'impianto lo ha progettato, costruito e gestito lui per tanti anni, è quasi un secondo figlio e gli dispiace vederlo morire. Dopo mesi di ricerche e negoziati, aiutato dal proprio team, riesce a individuare un compratore nella Repubblica Popolare Cinese, dove la domanda di televisori in bianco e nero sta crescendo esponenzialmente. A novembre, dovendo andare a Pechino a seguire per quattro settimane le fasi di installazione degli impianti, ci propone di accompagnarlo: non fa in tempo a finire la frase che Germana ha già gli occhi a mandorla.

Dopo il mio primo volo transcontinentale, atterriamo a Hong Kong, dove vedo i primi grattacieli della mia vita, passo in taxi nel mio primo tunnel subacqueo e mangio per la prima volta con le bacchette, nel mio primo ristorante cinese, ovviamente galleggiante. Tutto è un'esplosione di colori e tecnologia, esasperato nelle dimensioni e nella quantità; le vetrine dei negozi traboccano di microtelevisori tascabili, videogiochi con schermo LCD, orologi, telecamere, bollitori per riso e milioni di calcolatrici: in un negozio quelle ultrapiatte a energia solare le danno di resto, al posto di una manciata di spiccioli. Il caos delle insegne al neon fa quasi sanguinare gli occhi, mentre ci muoviamo in mezzo a una folla liquida e velocissima, tra bancarelle traboccanti di radio-cuffie e pareti tappezzate di centinaia di anatre laccate alla cantonese: praticamente *Blade Runner*, ma senza pioggia.

Dopo tre giorni ci spostiamo a Pechino, dove il mio incontro col socialismo reale non è dei migliori, grazie soprattutto a uno zelante militare di frontiera che, accortosi che io risulto accorpato al passaporto di Germana e non dispongo di un documento tutto mio, mi blocca con una mano sul petto, cercando di convincere mamma a entrare e godersi la vacanza e lasciare me in aeroporto a fare i compiti sul libretto rosso. Quello che sembra l'inizio di un romanzo di Forsyth si risolve grazie all'intervento del ministro dell'Industria che, arrivato in aeroporto con mezzo Politburo apposta per accogliere Giovanni e la sua famiglia, incenerisce il militare sul posto e ne sparge le ceneri nello Yangtze.

Capiamo di essere considerati ospiti di riguardo e alloggiamo al Beijing Hotel, accanto a piazza Tienanmen, lo stesso albergo in cui qualche mese prima aveva soggiornato Sandro Pertini. Durante il giorno, mentre papà lavora a rimontare il suo enorme bambino elettromeccanico, Germana e io abbiamo a disposizione un pulmino e due interpreti cinese/italiano/inglese offerti dal Ministero, con un programma di visite ricchissimo, che spazia dalla Città proibita alle tombe dei Ming, dal mausoleo di Mao all'asilo modello dei bambini che suonano Mozart a memoria, dalle Colline profumate alla Grande muraglia, e in ogni istante di quel viaggio mi ripeto continuamente la medesima formula, come un mantra: *che culo che ho, ragazzi, che culo.*

Nel 1982 il confronto tra Hong Kong e Pechino è impietoso, si ha la sensazione di decollare nel 2050 e atterrare in pieno feudalesimo, in un posto dove tutti (ma proprio TUTTI) sono vestiti con tute blu o verdi, e sulla strada che passa davanti all'hotel (dieci corsie, lunga una trentina di chilometri, un unico rettilineo che attraversa la città, da periferia a periferia) si vedono transitare milioni di biciclette e giusto una manciata di camion militari anni Cinquanta stracarichi, che sembrano dune di cavoli ambulanti. L'abisso che separa le due Cine è descritto dalla vetrina di una bottega in cui, illuminata da una fioca lampadina a filamento, fa mostra di sé una calcolatrice Texas Instruments con il display a LED rossi e un cartellino del prezzo scritto a mano, corrispondente più o meno a un anno di stipendio, qualunque sia la mansione dell'acquirente. Va detto che ovunque il livello tecnologico percepito è davvero basso e i conti, anche nel raffinato hotel in cui siamo ospiti, li fanno con delle vecchissime calcolatrici elettromeccaniche, tipo la Divisumma Olivetti, ma li ricontrollano sempre con l'abaco, a una velocità nettamente superiore.

A eccezione dei due interpreti, non incontriamo nessuno che parli anche solo inglese, neppure i due o tre accompagnatori che a giro ci troviamo sul furgone (anche se uno di loro ride quando, due file di sedili più avanti, racconto a mamma le mie barzellette, ma forse lo fa solo per cortesia); in un mese, a parte alcuni colleghi di papà, non incontriamo mai altri occidentali, in nessun posto, nemmeno sulla Grande muraglia: ci siamo solo noi. Rappresentiamo una sorta di gioiosa meraviglia antropologica per chiunque ci veda e chi va a piedi ci saluta sorridendo, chi in bici scampanella sorridendo, chi allo zoo guarda me sorridendo mentre io, sempre sorridendo, guardo un panda. Alla mattina ci svegliano gli altoparlanti che diffondono la musica del buongiorno, trasmessa simultaneamente in tutte le città della Cina, e all'improvviso le strade, le piazze e i parchi diventano palestre di *tai chi*, in cui vediamo migliaia di tute verdi e blu muoversi a tempo, un corpo di ballo grande quanto un continente danzare nella nebbia di novembre una coreografia antica quanto la sua storia. Per terra, in ogni angolo dell'albergo è appoggiata una sputacchiera, così come negli edifici pubblici, nei negozi, nei musei, assecondando l'abitudine di espettorare i propri fluidi in eccesso, in qualunque contesto e senza alcun preavviso. I recipienti sono continuamente cambiati da squadre di inservienti che girano ovunque con grandi carrelli a due piani: sotto, le sputacchiere, sopra, i thermos di tè. Sfiliamo in rispettoso silenzio davanti alla salma imbalsamata di Mao, di un bel giallo acceso, incolonnati nel lungo serpentone di cinesi omaggianti che inizia a formarsi ogni mattina e prosegue durante tutta la giornata, tutti i giorni dell'anno. Poi, appena fuori dal mausoleo, ci ritroviamo al centro di piazza Tienanmen, con decine di anziani che fanno volare aquiloni di carta di riso e ragazze che spingono bambini sferici dentro a passeggini di bambù, passato e futuro s'incontrano col naso all'insù. Immersi in quell'assurda bolla orwelliana, non si può immaginare che di lì a pochi anni sarà scattata una foto dal sesto piano del nostro albergo che mostrerà un ragazzo fermare da solo una colonna di carri armati, che sarà inaugurato un McDonald's in piena Tienanmen e che la cerimonia di apertura delle Olimpiadi di Pechino nel 2008 non conterrà un solo riferimento a Mao.

C'è un singolo operaio, accanto a uno dei lampioni in questa piazza enorme, indossa un paio di occhiali da sole, un articolo impossibile da trovare a Pechino e probabilmente recuperato da qualche parente a Hong Kong; sulle lenti ancora attaccati gli adesivi, il cartellino del prezzo che pende da una stanghetta, non per ostentare la ricchezza dell'oggetto, ma per non alterarlo minimamente, per mantenerlo per sempre avvolto dalla magia della novità. C'è un'ingenuità assoluta, un candore quasi infantile in questo popolo, una verginità di cui presto rimarrà solo il ricordo.

19

L'hip hop dei primi anni Ottanta sta ricevendo le attenzioni di un vero esperto di verginità perdute e ingenuità tradite: Malcolm McLaren. Personaggio eclettico e controverso, con la scoperta del punk americano si rende conto delle grosse opportunità di guadagno che avrebbe se riuscisse a dare un'impronta personale alla nascente cultura in UK. Negli anni Settanta è il proprietario di una boutique nella londinese King's Road, che gestisce con la compagna Vivienne Westwood, e le loro scelte di stile estreme, con l'uso di pelle e gomma prelevate dall'universo fetish, influenzano quella che diventerà l'estetica punk inglese e costituirà un riferimento fondamentale per tutta la moda e il costume contemporanei.

Tra il 1975 e il 1977 accoglie l'invito di alcuni musicisti, clienti del negozio, a diventare il loro manager: nascono i Sex Pistols, che nella memoria collettiva diventeranno *il punk*. Pur non fornendo nessuna idea musicale, Malcolm McLaren diventa il controllore totale delle attività economiche del gruppo e lavora esclusivamente per incassare quanti più soldi possibile, sottraendoli ai musicisti e approfittando della fragilità del bassista Sid Vicious per trasformare una band fantastica in una sorta di circo ambulante, fatto di sputi, sangue ed eccessi. Durante il tour americano le tensioni tra il geniale leader John Lydon e McLaren portano allo scioglimento della band e alla morte di Sid Vicious per overdose.

McLaren è capace di trascinare un eroinomane (Vicious) da

un pusher pur di avere un fenomeno da esibire, e di trasformare una ragazzina tredicenne nella sensuale cantante dei Bow Wow Wow, facendola posare nuda per una copertina: un manipolatore senza il minimo scrupolo, se non per i propri interessi.

Nei primissimi Ottanta scopre Bambaataa e l'hip hop a un *block party*, una festa in cui si transenna un intero isolato e si balla per strada. Qui s'innamora dello scratch e del breakin', e trova una intera nuova cultura da saccheggiare e portare agli inglesi, diventandone (ricco) ambasciatore. Per l'apertura del tour americano dei Bow Wow Wow chiede a Michael Holman, un eclettico regista e impresario che giocherà un ruolo importante nella nuova cultura, di organizzare uno show hip hop completo, con Bambaataa ai giradischi, Fab 5 Freddy al microfono, Futura 2000 con le sue bombolette e la Rock Steady Crew, il gruppo di ballo della Zulu Nation. Il pubblico che assiste è in prevalenza bianco, appartiene alla scena punk rock che si è sviluppata downtown, nella parte bassa di Manhattan, mentre l'hip hop appartiene all'uptown del Bronx e Harlem: l'incontro è perfetto, la scintilla scaturita da *Rapture* diventa incendio, Fab 5 Freddy (da sempre sostenitore dell'importanza dell'incontro tra le due culture, unica possibilità per divulgare l'hip hop a livello globale) è l'mc ideale per l'occasione, che è solo la prima di una lunga serie che avrebbe portato sempre più ghetto tra i grattacieli (Michael Holman, l'uomo che presenta Fab 5 Freddy a Jean-Michel Basquiat, stabilendo il contatto tra il mondo del writing e la pop art, qualche mese più tardi aprirà proprio in zona downtown il Negril, primo locale hip hop di Manhattan).

McLaren nel 1982 dà un pompatina al proprio ego e decide di registrare un disco come artista, attingendo a piene mani alla cultura hip hop, zulu e dei ghetti di Soweto, caraibica e della tradizione country americana, utilizzando deliberatamente il tutto come la perfetta inquadratura in cui rientrare con la propria faccia pallida e per la quale millantare qualche paternità. Il disco è principalmente realizzato da Trevor Horn, produttore, cantante e pioniere del campionamento musicale (celebre per *Video Killed the Radio Star*, il primo video a essere trasmesso da MTV), affiancato da un team di musicisti che diventeranno gli Art Of Noise, i quali un paio di anni dopo regaleranno al mondo alcuni dei brani più belli del decennio. *Buffalo Gals*, il primo singolo del disco di McLaren, è una sorta di irriverente sfottò situazionista della cultura americana, che mescola le *country square dance* degli stati del Sud con lo scratch del Bronx, in un video in cui vediamo la Rock Steady Crew ballare indossando i cappelloni texani disegnati da Vivienne Westwood e imbracciando un *ghetto blaster* con le corna di mucca.

La canzone va in classifica in USA e in UK, dove il video fa esplodere il fenomeno del breakin' e catalizza l'attenzione dei media inglesi che, con una sensibilità diversa dai colleghi d'oltreoceano, guardano all'hip hop con occhio accademico: nel 1984 la BBC realizzerà *Beat This: A Hip-Hop History*, onirico documentario in cui le origini della appena decennale cultura sono raccontate dalla viva voce dei padri fondatori: Bambaataa, Kool Herc, Grandmaster Caz. E Malcolm McLaren, *of course*.

20

L'esperienza delle medie si conclude nell'estate del 1983 e, mentre in Giappone viene commercializzata la prima console Nintendo, Giovanni mi regala un Commodore VIC-20, dando una svolta lungimirante alla mia vita. Era da un po' che ci girava attorno, prima con riviste specialistiche, poi con la brochure di un non meglio identificato *microcomputer* da assemblare, un'anonima scatola con tastiera che come output non usava un monitor o un televisore, ma una macchina da scrivere elettrica: la cosa mi terrorizzava. Ogni tanto la sera sfogliava quell'opuscolo e provava invano a stuzzicare in me un qualche entusiasmo per le possibilità offerte dalla macchina, tra cui le ghiotte versioni numeriche di *Mastermind* e di *Lunar Lander*, giochi avvincenti in cui si inseriscono delle cifre attraverso una tastiera e si leggono in risposta altre cifre stampate su carta: molto probabilmente il vecchio mi stava solo trollando, aspettando che finisse l'anno scolastico.

Il VIC-20 è un *home computer* dalle ridotte capacità: ha una memoria di 3,5 kilobyte (vale a dire una cartella di testo da 3500 battute, molto meno del peso di un'icona sui nostri cellulari), può gestire al massimo sedici colori, ma in bassa risoluzione, e un sonoro primitivo, ma polifonico.

L'arrivo del computer è accolto dal mio amico Andrea con

grande entusiasmo e ci mettiamo subito a imparare il *basic*, il linguaggio di programmazione incorporato nel VIC-20, con l'obiettivo di scrivere un gioco tutto nostro: essendo i limiti (evidentissimi) del sistema un confortevole ambito in cui poter realizzare un gioco brutto pur conservando un minimo sindacale di autostima, dopo vari tentativi viene alla luce *La balla rotta*, il cui obiettivo è distruggere un asteroide prima che lui distrugga noi: in pratica *Armageddon*, ma con Franco Franchi al posto di Bruce Willis.

Fortunatamente esistono anche giochi realizzati da professionisti, tra i quali spicca *Jelly Monsters*, la migliore conversione di *Pac-Man* di sempre, che la Commodore (pur non avendo i diritti per distribuire il gioco originale fuori dal Giappone) commercializza in Europa, semplicemente cambiandogli il nome, cosa che farà con altri tre giochi.

I programmi per il VIC-20 sono disponibili in tre formati: cartuccia, cassetta audio e *listato*. Le cartucce sono costose e c'è poca scelta, ma il gioco si carica istantaneamente. Le cassette richiedono un registratore speciale per essere lette e hanno lo svantaggio dei tempi di caricamento, che variano da lunghi a lunghissimi e tocca decidere con almeno un quarto d'ora d'anticipo a che cosa si voglia giocare. *Last*, e veramente *least*, i listati pubblicati sulle riviste dedicate, che sono pagine di testo con le istruzioni da trascrivere sul VIC, riga dopo riga, pagina dopo pagina, dai la cera, togli la cera, in un estenuante esercizio di dattilografia al termine del quale si digita *run* e si riceve il premio per tutte le ore spese a ricopiare codice: normalmente fa cagare, alle volte strappa un sorriso. Il vantaggio è che, leggendo i listati, ci impratichiamo con il linguaggio in cui sono scritti e li possiamo dunque modificare, sperimentando su una struttura preesistente. Va anche detto che tanto più in là de *La balla rotta* non andremo mai, almeno con il VIC-20, ma il tarlo del *computing* ha già fatto il buco.

Nei cinema esce *WarGames*, che racconta le avventure di

un giovane hacker alla conquista del NORAD, all'epoca centro nevralgico della difesa missilistica americana: insieme ad Andrea passiamo due pomeriggi al cinema San Marco a guardare due proiezioni consecutive ogni giorno, senza uscire dalla sala (al cinema negli anni Ottanta si poteva ancora entrare a film iniziato, restare dentro per vedere il pezzo mancante e fumarsi anche le tartarughe), la tecnologia che vediamo e gli scenari che spalanca ci catturano completamente e, anche se la prima connessione da casa la farò dodici anni dopo, siamo già stati presi dalla rete.

Quello stesso autunno esce nelle sale *Flashdance*, tipica favola americana in cui lei – bellezza mozzafiato – lavora come saldatrice in una fonderia a Pittsburgh e coltiva il sogno della danza, arrotonda lo stipendio esibendosi come dancer in uno strip club, dove per caso una sera incontra il suo datore di lavoro. Lui chiaramente impazzisce per lei, la salva da un impresario sordido e le procura un'audizione nella scuola di danza più esclusiva della città, dove lei corona il suo sogno e vissero felici e contenti: in pratica Cenerentola, ma direttamente scalza, che fa tanto fetish. Una storia che si regge quasi esclusivamente sulla bellezza della protagonista, un cinepolpettone che, escludendo la splendida fotografia e la colonna sonora del decennio, ha lo stesso appeal di un lieve acufene. Tuttavia, grazie a una particolare sequenza, *Flashdance* entra a gamba tesa nella storia dell'hip hop, con un ruolo di primaria importanza nella sua divulgazione planetaria. A mezz'ora scarsa dall'inizio, subito dopo una scena *comedy* in palestra che da sola (tra body in lycra e fascette tergisudore) riassume il decennio Ottanta, parte una sequenza in esterni, con l'inquadratura di una strada in prospettiva e un *ghetto blaster* appoggiato per terra, mentre *It's Just Begun* di Jimmy Castor Bunch esplode nelle casse. C'è un bambino in primo piano, balla il *poppin'*, uno stile di breakin' in cui il corpo si muove a scatti, come se scoppiettasse in ogni direzione, con movimenti robotici e da marionetta: è Normski, della Rock

Steady Crew, il gruppo di b-boy affiliati alla Zulu Nation di Bambaataa che hanno portato il breakin' ad altissimi livelli; in quella scena ci sono tutti, compreso Crazy Legs, considerato uno dei padri fondatori dell'hip hop, dal valore riconosciuto e rispettato fino ai giorni nostri (sarà lui a sostituire Jennifer Beals e a girare sulla schiena, con tutina e parrucca, nella scena del saggio finale). La scena dura ottanta secondi, uno dopo l'altro si vedono i ballerini della RSC esibirsi con le loro mosse speciali, con la camminata all'indietro del moonwalking – appena prima che il mondo inizi a considerarlo *il* passo di Michael Jackson – e i *backspin*, le rotazioni rapide sulla schiena, con le gambe raccolte. Ottanta secondi di hip hop in purezza e tutti i cinema del mondo diventano il loro marciapiede. In quell'1 per cento di filmetto ultrapatinato c'è un'energia che investe le platee e fa divampare un incendio, dagli USA al Giappone. Con la diffusione dei videoregistratori la sequenza viene analizzata centinaia di volte, la si ripete all'infinito, per imparare i passi e replicarli, prima davanti allo specchio, poi al parchetto con gli amici.

Sempre nel 1983 escono *Style Wars* e *Wild Style*, i due documenti fondamentali sulla nascita della cultura hip hop, qui raccontanti dai veri protagonisti: il primo ha la forma di un vero e proprio documentario, con interviste ai principali writer, mentre il secondo ha un taglio più *docudrama*, con una storia d'amore al centro della narrazione realistica della quotidianità di b-boy e b-girl. Entrambi i film rappresentano uno spaccato fedele della vita dei writer e dei loro codici espressivi, etici e morali. *Wild Style* è frutto dell'iniziativa di Fab 5 Freddy, che riesce a coinvolgere un regista nel progetto di narrare una storia ambientata in qualche punto del decennio '73-'83, restituendo l'atmosfera pionieristica in cui la cultura è nata attraverso la diretta partecipazione dei protagonisti, da Lee, Crash e Dondi a Grandmaster Flash, Grandmaster Caz e Busy Bee. Il film diventa un cult e alcuni cinema lo programmano tutte le notti come ultimo spettacolo, trasformandolo in un fenomeno di costume. Durante il tour promozionale in Giappone i protagonisti del film vengono letteralmente assediati da b-boy e mc e la pellicola diventa l'elemento catalizzante per la nascita della scena hip hop nipponica. Proprio nel Sol Levante verranno poi creati stili, soprattutto nel breakin', che faranno scuola nel mondo.

All'improvviso l'industria cinematografica si accorge di quello che da dieci anni sta succedendo per strada e ci si butta a capofitto, inondando le sale di film a tema: *Beat Street*, *Breakdance*, *Breakdance 2*, *Breakdance contro Godzilla*, sembra che non esista altro per catturare l'attenzione dei giovani; Mel Brooks, per lanciare il suo film *Essere o non essere*, incide *The Hitler Rap*, con un video in cui il Fürher, oltre a rappare, gira sulla schiena.

Tutti questi film li vedrò qualche anno più tardi, appena il VHS arriverà in casa. Nel 1983 al cinema non mi perdo *Il ritorno dello Jedi*, *Mai dire mai*, *The Day After* (su cui scrivo anche un tema in classe) e soprattutto *Videodrome*, la prima proiezione vietata ai minori di quattordici anni a cui assisto legalmente, con Debbie Harry che trasforma un televisore in un corpo erotico e pulsante. In realtà già nell'82 Emilio e io abbiamo visto *Possession*, film vietato e malatissimo interpretato da Isabelle Adjani che, in un crescendo di trasformazioni, viene posseduta da un amante mutante, pellicola programmata in una rassegna al Teatro comunale, struttura non troppo avvezza alle verifiche burocratiche.

Il vero battesimo tuttavia l'avevo avuto ancora prima, nel 1979, una mattina in cui non ero andato a scuola per via della febbre, mamma esce a fare la spesa e io – interno casa, mattina, ore 10 – mi piazzo in pigiama davanti alla tv su TeleCapri, con la speranza che mi passino un *Jeeg Robot* qualsiasi, invece parte un film: *Non aprite quella porta*, vietato ai minori di diciotto anni. La traduzione letterale del titolo originale è "Il massacro della sega a motore del Texas" e restituisce comunque poco l'atmosfera generale che permea quell'oretta e mezzo di cinema, in cui una comitiva di ragazzi viene sequestrata, seviziata e parzialmente divorata da una scanzonata famiglia dell'*outland* americano. Quella mattina, nel tepore del mio tinello, con un bel sole che splendeva alto nel cielo, mi sono (figuratamente) cagato in mano. A quasi quarant'anni dall'esperienza, volendo fare un bilancio e considerando che non l'ho più guardato, direi che è il film più terrificante che abbia mai visto e da allora per me è stata tutta discesa.

Al sud, negli anni Ottanta, c'è una certa libertà nella programmazione televisiva e la giungla dell'emittenza appena sotto Roma si trasforma in una foresta di mangrovie, le acquisizioni di palinsesto sembrano fatte sulla bancarella del pirata sotto casa ed è una pratica normale che alle undici di sera partano i porno hardcore fino a tarda notte e all'ora di cena i film in contemporanea con la programmazione nelle sale. *Indiana Jones e il tempio maledetto*, per esempio, lo vediamo a Natale, nel salotto di casa di mia nonna a Palermo, trasmesso la stessa sera che abbiamo deciso di andarlo a vedere al cinema, e un po' mi dispiace ancora di essermi perso quell'esperienza: d'altronde, lo svantaggio di fare il pirata – si sa – è che con la benda su un occhio si vede solo la metà.

21

C'è freddo in casa, in questo principio di 1984, il freddo che improvvisamente pervade una famiglia, ai cui figli non è dato conoscerne i motivi, ma solo ipotizzarli, lasciandoli appesi ai segnali che i genitori danno, tra sguardi negati e sfioramenti accidentali cui seguono scatti repentini, come se fossero diventati reciprocamente ustionanti. Uno degli svantaggi dell'essere figlio unico si rivela con veemenza in simili frangenti, in cui potersi confrontare con qualcun altro che già sappia, che respiri la stessa aria e abiti dallo stesso lato della storia sarebbe non dico utile, ma vitale. Quest'arietta glaciale aleggia già da parecchi mesi e ogni tanto arrivano certi spifferi che ancora oggi danno il brivido.

Il 12 febbraio 1984, domenica pomeriggio, fa freddo anche fuori, con uno di quei cieli grigi e minacciosi che ti tocca pranzare con la luce accesa. Gianni Minà conduce "Blitz", "un programma di spettacolo, sport e costume" che rappresenta la migliore alternativa alla domenica Bauda di Rai 1. Verso l'inizio della puntata, col suo amabile tono tra il sornione e il "c'è un medico in sala?", Minà annuncia che più tardi trasmetteranno *un video musicale* non adatto a un pubblico particolarmente impressionabile: pur barricati dentro a un freezer emotivo, tutti e tre registriamo l'informazione e ne siamo lievemente sbrinati. Tre ore più tardi ci ritroviamo sul divano, uno accanto all'altro, in formazione padre-figlio-madre-con-gambe-raccolte, e l'atmosfera s'intiepidisce. Giovanni rompe il silenzio, scettico ed elegante: «Sarà una cazzata» dice, «vedrai», giusto un attimo prima che Minà rincari la dose di raccomandazioni, perché stiamo per vedere qualcosa di veramente tosto, per il quale in America c'è gente che c'è rimasta sotto e dunque lo stiamo facendo a nostro rischio e pericolo. Solo lui può cucinarci con tanta passione gourmand quel boccone di storia che è *Thriller* di Michael Jackson. Lo scetticismo paterno sembra trovare sponda all'inizio del video, con quella fase *teen college*, fatta di boschetti e cabriolet, ma dal secondo minuto ci rimaniamo sotto pure noi, come degli americani qualsiasi. La trasformazione in lupo mannaro ci inchioda allo schermo, con gli occhi sgranati e la mandibola adagiata sulle ginocchia. Altri due minuti e finalmente parte il pezzo, con il tiro che sappiamo e quel groove che prende le gambe e fa ballare noi tre con tutto il divano. E poi il delirio degli zombie, Vincent Price che rappa, il balletto, i morti viventi che fanno boogie... Sul finale, quando Michael Jackson si gira e ha gli occhi gialli, scatta l'applauso! E poi giù a parlarne fitto, quasi fossimo tutti e tre adolescenti, con Giovanni che fa la camminata dello zombie e Germana che finge terrore, lui la aggredisce alle spalle, lei ride, tutti ridiamo. Poi si abbracciano, bellissimi, a lungo. Uno dei gesti più dolci tra loro, quello che tirerò fuori dal taschino ogni volta che vorrò ricordarmi che chiuso in quell'abbraccio c'era il loro strano modo di amarsi.

Il giorno dopo torno da scuola (sono in prima liceo scientifico) e sulla tavola apparecchiata trovo sotto al piatto una busta quadrata, la apro e dentro c'è il vinile di *Thriller*, l'album che venderà più copie nella storia della musica e che cementerà il mio amore per la *black*.

Germana quella mattina è uscita apposta per comprarlo, regalarmelo e dirmi sorridendo: «Così... ho pensato fosse importante che tu lo avessi...».

22

Andrea si è comprato il Commodore 64 ed è tutta un'altra storia, con giochi molto più belli rispetto al VIC-20, che mi piacerebbe sostituire immediatamente; devo tuttavia tenere duro per un po', perché Giovanni è stato molto chiaro: lui mi ha regalato il VIC e se adesso voglio qualcos'altro me lo devo comprare da solo. Bravo, papà! Solo molti anni dopo mi renderò conto che la parte migliore del suo regalo è stata quello "sbrigatela da solo", formula che mi tornerà utile molto più spesso di un computer.

Con l'arrivo dell'estate trovo ingaggio presso il più grande negozio di giocattoli della città, dove per tre settimane vengo per così dire "assunto" – pagato con la formula *più black d'o midnight* – come dimostratore di videogiochi. L'impegno consiste nello stare seduto in una vetrina, circondato dalle migliori console del momento, con l'onere di accogliere i clienti, far provare loro tutte le novità e indirizzarli all'acquisto di questa o quell'altra cartuccia: in pratica mi pagano per giocare tutto il giorno con i miei giochi preferiti, quello che si definisce un lavoro usurante.

L'occasione mi si presenta quando arrivano un padre munifico e un figlio undicenne infottatissimo per il ColecoVision, quello che nel 1984 è considerato la Lamborghini delle console, coi giochi uguali a quelli del bar e una grafica pazzesca, grazie alla quale un Puffo sembra davvero un Puffo e non una specie di pupazzo fatto di Lego tutto spigoli: il piccolo la desidera con la stessa furiosa intensità con cui un quattordicenne desidera il motorino, un diciottenne la macchina, un quarantacinquenne un lavoro. Come tutti i giorni collego la console alla tv per iniziare la dimostrazione con *Donkey Kong* e *Zaxxon*, versioni quasi identiche agli omologhi titoli da bar, quando all'improvviso ho un'illuminazione e carico senza batter ciglio *Slurpy*, un gioco brutto, ma brutto brutto, forse il più brutto mai realizzato per quella console e che – caso vuole – è appena uscito. Il ragazzino è sgomento, è la prima volta che vede un Coleco dal vero, avrà ritagliato le pubblicità e le foto delle schermate per attaccarle sul diario perché sa davvero tutto della console, aspetta questo momento come un profeta il proprio messia ed è completamente atterrito dalla voragine che gli si sta spalancando sotto i piedi. Mentre il giovane consuma il proprio psicodramma con in mano il voluminoso joystick dei suoi sogni, mi concentro sul padre ed esordisco con: «Certo, una console è divertente, ma limitata e molto costosa: quello di cui avete bisogno è un home computer, che oltre ai giochi ha molti programmi utili, così potrà usarlo anche lei».

Un'ora più tardi suono il campanello di casa e Germana accoglie interrogativa questo bizzarro drappello; le riassumo la situazione mentre procedo spedito verso lo studio di Giovanni, dove faccio una dimostrazione da brivido del mio VIC-20, punta di diamante della tecnologia informatica, Sacro Graal del futuro e poi: «Guarda, bimbo, c'è anche *Pac-Man* uguale a quello del bar!».

Bastano pochi minuti e il mio VIC-20 (senza registratore) esce di casa sotto il braccio di un papà entusiasta e di un ragazzino un po' rincuorato. Gliel'ho venduto carissimo, praticamente al prezzo di un ColecoVision, e col ricavato ci compro di seconda mano un Commodore 64 con il floppy driver, che i giochi li carica in un vento.

Il C64 diventa il fulcro delle nostre attività e insieme ad Andrea e Carlo De Franciscis, new entry della nostra community informatica, cerchiamo di ricavarne tutti i possibili comfort, applicando un twist tecnologico alle nostre vaccate adolescenziali. Andrea, per esempio, ha comprato un plotter, periferica simile a una stampante, che scrive e disegna su un rullo di carta usando quattro pennini colorati; la striscia di carta larga dieci centimetri e la possibilità di stampare ottanta caratteri per riga lo rendono da subito una scelta *di classe*, nel senso che basta aggiungere solo un piccolo elastico per ottenere dei "rotolini" di versioni in latino eleganti e professionali.

Andrea e Carlo condividono la passione per l'elettronica, intesa come circuiti stampati, condensatori, resistenze e molto, moltissimo stagno; io, invece, non riesco ad appassionarmi agli aspetti hardware, fondamentalmente perché non so saldare, faccio delle polente di stagno che non restano attaccate e per me realizzare un circuito è come voler riparare un orologio con su i guanti da sci. Andrea (che, al contrario, salda come un demonio) ha realizzato un progetto pubblicato dalla rivista "Nuova Elettronica", una penna ottica, accessorio che consente di interagire direttamente con lo schermo televisivo, trasformandolo in una sorta di touch screen; consiste nel tubo di una penna Bic alla cui estremità si trova una fotocellula, collegata con un cavetto e, attraverso un circuito, al C64, con un tastino collocato sulla penna per cliccare il punto desiderato: per rudimentale che sia, funziona alla perfezione e sullo schermo ci possiamo anche disegnare (in verità suo fratello Marco può disegnare, perché è l'unico della partita ad avere un talento grafico).

Nello stesso periodo ci arriva, per vie traverse e con numerose difficoltà, un programma chiamato S.A.M. (*Software Automatic Mouth*), capace di far parlare il C64 attraverso due modalità: una semplificata, che pronuncia l'italiano come Don Lurio, e una avanzata, in cui si devono scrivere le frasi utilizzando una complessa sintassi fonetica, che permette di stabilire l'intonazione di ogni singola sillaba; certo, la voce è robotica, ma perfettamente comprensibile. Purtroppo il dischetto che ci è arrivato non contiene il ricco manuale d'istruzioni, con l'elenco di tutti i fonemi e gli esempi di frasi, così S.A.M. diventa il mio passatempo per le successive tre settimane, in cui procedo per tentativi e vado annotando su un bloc-notes le combinazioni di lettere, numeri e punteggiatura che funzionano, riuscendo a ricavarne abbastanza per fargli pronunciare frasi di senso compiuto.

Ora immaginate tre adolescenti, una penna ottica e la sintesi vocale: potremmo realizzare un'interfaccia per non vedenti oppure un dispositivo che consenta a un sordo di parlare o a un disabile motorio di scrivere. Potremmo cambiare il mondo da una cameretta ma, siccome siamo tre adolescenti coglioni, con tutto quel bendidio di tecnologia fantascientifica ci mettiamo a fare gli scherzi telefonici. Prepariamo una libreria di frasi, suddivise in tre gruppi: *convenevoli*, *chiacchiere preparatorie* e, per finire, *volgarità irripetibili*, la categoria più nutrita. Basta cliccare sullo schermo la frase scelta e il C64 la pronuncia, implacabile. L'unica variabile è il nome della vittima, sempre una nostra amica e, nel caso l'interessata non sia a casa, abbiamo previsto anche un "posso dire a lei?", così, per il piacere della condivisione.

E le giornate trascorrono liete, tra momenti di grande creatività e fasi più tranquille, spesso impegnate a procurarci nuovi giochi, anticipando il concetto di "file sharing" di almeno un decennio e praticando ciò che è comunemente assimilato al concetto di "pirateria", nonostante non si sia mai venduto nulla. La pratica dello scambio di copie è assai comune e, spinti dalla compulsione tipica del collezionismo, noi ne accumuliamo centinaia. Seguiamo uno specifico pattern operativo: appena ci arriva un nuovo programma da qualche fonte esterna (di solito un amico di Napoli), individuiamo due utenti che abitino vicini tra loro e concordiamo prima cosa vogliamo in cambio di quel prezioso dischetto, tanto dall'uno quanto dall'altro; poi Andrea e io ci dividiamo e andiamo contemporaneamente dai due, raddoppiando così i programmi ottenuti e soprattutto eliminando alla radice la possibilità che se lo scambino fra loro. Colto da un impeto di bucolica voracità, come sintesi per illustrare questo modello commerciale conio la frase "mungere due vacche con una sola mano".

Speculatori dell'illecito, senza dubbio, ma siamo pulci in confronto ai dinosauri rappresentati dall'editoria su cassetta che ha invaso negli ultimi mesi le edicole di tutta Italia: sfruttando vaste lacune legislative e avvalendosi dell'opera di controllori incompetenti e/o conniventi, iniziano a diffondersi pubblicazioni vendute in abbinamento a cassette piene zeppe di programmi pirata, a cui l'editore ha fatto modificare il titolo e tradurre in italiano le scritte che appaiono all'interno del gioco, mantenendo immutato tutto il resto. È come se iniziassero a circolare "legalmente" compilation di canzoni in cui la parte dove il cantante pronuncia il titolo del pezzo è sovraincisa con una voce differente che dice un'altra cosa: come se Prince, appena dopo la celebre schitarrata, invece di dire *"kiss"* dicesse "bacio" con un'inflessione romanesca, o Joey Tempest diventasse improvvisamente brianzolo, urlando a squarciagola: "Conto alla rovesciaaaa!!!". Tutta la creatività dell'operazione viene infatti messa nella scelta dei titoli, che mascherano l'originale ma lasciano intendere di che gioco si tratti: *Popeye* diventa *Muscoli*, *Beverly Hills Cop* è un appetitoso *Casa del Boss* e *Mouse Trap* diventa l'irresistibile *Topicchio*.

L'arrivo di queste cassette in edicola è per noi un duro colpo, perché in tanti si precipitano a spendere ottomila lire per avere cinque giochi tarocchi, e non importa se bisogna impazzire sul registratore con un cacciavite di precisione per regolare l'*azimuth* (l'allineamento della testina rispetto al nastro) altrimenti i programmi non si caricano: la diffusione di questa immondizia editoriale sta riducendo rapidamente la nostra riserva di caccia. Serve intraprendere un'azione decisa ed efficace, che argini il dilagare del fenomeno e ci consolidi nella posizione di potere che abbiamo conquistato.

Come un piccolo gruppo di spacciatori locali che decide di dichiarare guerra al cartello che sta fagocitando tutto il mercato, con Andrea studiamo una rappresaglia. Siccome il nastro delle cassette è molto sensibile ai campi magnetici, è sufficiente una piccola calamita per renderlo definitivamente illeggibile: dopo esserci procurati due grossi magneti da altoparlante (gingilli da mezzo chilo cadauno) li sistemiamo nei pantaloni, incastrati nella cintura e coperti dalle magliette, pronti per andare in missione. Il piano è montare in bicicletta e visitare ogni settimana tutte le edicole della città, guardare a una a una le cassette per il C64, appoggiare la prima sulla pancia mentre si legge la seconda e così via, fino a esaurimento. Un lavoro lungo e tedioso che, perché se ne vedano i frutti, richiede la caparbietà di uno scavatore di gallerie. Eppure i frutti dopo qualche settimana incredibilmente arrivano.

Tutti gli acquirenti delle cassette "trattate", dopo aver imprecato parecchio, tornano in edicola per farsele cambiare con altre cassette, trattate come le precedenti e, tra ragazzini delusi e resi ricevuti, dopo poche settimane molti edicolanti cessano la vendita di quel tipo di articoli: è così che, con due calamite, se semo ripijati Caserta.

23

New York, un pezzo per volta, se la sta prendendo l'hip hop, anche grazie al lavoro di Russell Simmons e Rick Rubin, due personaggi fondamentali che agiscono dietro le quinte costruendo la più redditizia branca dello showbiz degli ultimi cinquant'anni.

Russell "Rush" Simmons – considerato *il* manager hip hop – inizia la propria carriera a metà degli anni Settanta, occupandosi di Kurtis Blow, il bravissimo mc suo amico cui affianca ai giradischi il proprio fratellino Dj Run, all'epoca dodicenne. Nel 1980, il successo di *The Breaks*, singolo della consacrazione per Kurtis Blow, pone Simmons al centro dell'attenzione di artisti e case discografiche, facendone crescere potere e prestigio e spingendolo a fondare la Rush Management.

Il giovane Dj Run per adesso scalpita per fare un proprio disco insieme all'amico di sempre DMC, ma Simmons non ne vuole sapere, continua a ripetergli che prima deve finire la scuola, che deve andare al college e che solo studiando arriverà da qualche parte.

Bisogna aspettare il 1983 perché il fratello maggiore ceda alle pressioni, faccia registrare loro un paio di pezzi e si accorga di avere per le mani la band che cambierà per sempre la faccia dell'hip hop: i Run-DMC. Simmons completa il gruppo con il dj Jam Master Jay e crea la prima hip hop band dell'era moderna, che influenzerà con il proprio stile l'estetica e l'approccio al rap. Rime dirette su una linea di drum machine, senza basso, senza alcuna melodia, solo batteria e scratch asciutti e potentissimi, i Run-DMC sono i primi ad autoprodursi, a non aver bisogno di organizzare una session di musicisti in studio per registrare le proprie basi, affrancandosi così dalle case discografiche, che finora hanno realizzato la musica per i propri artisti, senza preoccuparsi di far loro troppe domande. Le prime due canzoni che incidono, *Sucker MC's* e *It's Like That*, hanno un'attitudine nuova, la freschezza di chi inizia dieci anni dopo gli altri e ha un punto di vista personale su come parlare alla gente: affermano di essere i migliori – tutti gli altri possono solo starli a guardare e diventare loro fan –, ma rivendicano il fatto di aver studiato e DMC lo dice chiaramente, "*I go to St. John's University*", nero e fiero.

La scelta di adottare lo stile basic total black che si incontra ogni giorno per strada, in contrasto con lo sfarzo post-disco dei costumi di scena di quasi tutti gli mc che li hanno preceduti, così come le Adidas Superstar bianche, indossate senza lacci come in carcere, sono il segno visibile di come l'hip hop, a dieci anni dalla nascita, si spogli dei troppi fronzoli ereditati dalla disco music e trovi la sua vera energia nell'essenziale: *less is more*.

Altra figura cardine del backstage newyorchese è Rick Rubin, ricco ragazzo bianco di origini ebree, grande appassionato di punk che scopre l'hip hop dei party e delle *battle*, carichi di un'energia che nessuno è ancora riuscito a portare sui dischi. Frequenta la New York University e occupa la stanza 712 del dormitorio studentesco, da cui ha tolto il letto e che ha riempito di strumenti musicali, casse e dischi: sono celebri le sue feste con molta birra, ragazze, musica a palla e, solo a volte, oceani di schiuma.

Rubin è determinato a fare musica, imparando a suonare quanti più strumenti possibile, programmando beat e studiando i processi industriali per produrre dischi e cassette; lo spirito che lo guida è il piacere di fare solo cose belle e divertenti, il medesimo approccio del gruppo di amici che lo sostiene, di cui fanno parte anche tre ragazzini ebrei di Brooklyn che hanno una band *cazzon punk* e di cui presto sentiremo parlare.

Jazzy Jay, uno dei dj di punta della Zulu Nation, conosce Rick Rubin e tra loro nasce una grande simpatia; è Jazzy Jay a introdurre Rubin negli ambienti più underground del Bronx, facendo maturare in lui l'esigenza di trasportare su vinile l'energia che si sente nei live: la musica su cui si rappa nei dischi è essenzialmente disco funk, suonata spesso a imitazione di altre canzoni, mentre dal vivo, nel normale emceeing ci sono solo i break e lo scratch, una semplicità che rende tutto ancora più potente.

Rubin fonda la sua etichetta discografica, Def Jam, ed elegge a sede ufficiale la stanza del dormitorio. Nel 1984, insieme a Jazzy Jay, produce *It's Yours* di T La Rock e il pezzo ha successo, arrivando immediatamente alle orecchie di Russell Simmons. La scena si sta evolvendo rapidamente, le major discografiche sono sempre più interessate al rap e gli investimenti si moltiplicano; gruppi come Whodini, Fat Boys, Kool Moe Dee e i Treacherous Three iniziano a emergere dall'underground, grazie alle nuove sonorità e, sempre più spesso, allo zampino del Rush Management di Simmons, il cui lavoro sui Run-DMC sta iniziando a portare ottimi frutti.

Il loro nuovo pezzo *Rock Box* funziona parecchio, anche perché l'idea di suonare dei riff di chitarra rock in un rap piace a tanti, tranne ai ragazzi della band, che considerano quella contaminazione con il sound yankee inaccettabile. *Rock Box* rende accessibili i Run-DMC al bianchissimo pubblico del rock e tutte le radio universitarie della nazione ne fanno una hit, al punto che la loro etichetta, Profile Records, li spinge a pubblicare un album, che va letteralmente a ruba e infonde loro abbastanza fiducia per realizzare un video musicale e tentare il salto promozionale su MTV, dove l'unico rap fino ad allora trasmesso era rimasto *Rapture* dei Blondie. Il video è estremamente paraculo, i Run-DMC che arrivano col macchinone e cantano in mezzo a un pubblico festante e, soprattutto, misto: il finale in cui il bambino bianco col chiodo scappa per unirsi alla band sembra quasi la parodia di un family movie.

Per il pubblico americano il video è perfetto e Run, DMC e Jam Master Jay, tutti e tre diciannovenni, grazie a quella chitarra elettrica che li imbarazza tanto, fanno arrivare il rap in ogni casa d'America.

Michael Holman, il regista che aveva organizzato il pre-show dei Bow Wow Wow (il primo vero show hip hop della storia) e che ha documentato con la propria videocamera tutti i momenti salienti del breakin' fin dalla sua nascita, decide che i tempi sono maturi per realizzare uno show televisivo hip hop, sulla falsa riga di "Soul Train". Programma musicale che ospita tutti gli artisti neri del momento (di qualsiasi genere, dal funk al soul alla disco) facendoli esibire di fronte a un pubblico in maggioranza nero, "Soul Train" rappresenta quasi l'unico affaccio televisivo per la black music, vetrina di trend e stili tanto nella moda quanto nel ballo, in cui ognuno degli spettatori mostra il proprio outfit sfilando in passerella, ballando un personalissimo e spesso stravagante passo creato per l'occasione. Holman è convinto che, con tutti i talenti che stanno venendo a galla, ci sia abbastanza materiale umano per proporre una versione hip hop del medesimo concetto e si prepara a girare un episodio pilota.

Presentata dallo stesso Holman, la puntata zero di "Graffiti Rock" ospita i Treacherous Three, i New York City Breakers (storica crew formata dallo stesso Holman), Shannon, Prince Vince (che col vero nome di Vincent Gallo diventerà una stella del cinema underground e indipendente) e una esibizione pazzesca dei Run-DMC. Come "Soul Train", anche "Graffiti Rock" ha un pubblico in studio che balla e sfoggia abiti e stili originali, anche se è evidente l'intento didattico con cui, per tutta la puntata, i termini dello slang hip hop vengono illustrati da cartelli esplicativi, mostrate le varie tecniche di ballo e addirittura simulata una *battle* tra Treacherous Three e Run-DMC.

"Graffiti Rock", purtroppo, resterà per sempre un pilota: troppo pochi ragazzi bianchi in mezzo al pubblico e troppo simile a "Soul Train" per i miopi burocrati, che a stento distinguono "La ruota della fortuna" da "OK Il prezzo è giusto!". Ma se la serie resta un sogno, come "Soul Train" l'episodio pilota viene trasmesso da una *syndication* (consorzio di emittenti sparse su un territorio che acquistano e trasmettono gli stessi programmi) e ha un enorme successo: le copie su videocassetta iniziano a circolare e "Graffiti Rock" diventa un cult, insieme a *Wild Style* e *Style Wars*, ispirando generazioni di b-boy ed mc.

"Graffiti Rock" ha tuttavia un altro importante merito, perché è proprio alla festa di fine riprese, occasione in cui si ritrova il gotha dell'hip hop, che Jazzy Jay presenta Russell Simmons a Rick Rubin: tra i due scocca una scintilla che li porterà a diventare soci nella Def Jam Recordings, il cui indirizzo rimarrà, ovviamente, *Dormitorio della New York University – stanza 712*.

24

Il 1985 sarà ricordato come l'anno della Grande Coscienza Globale. I progetti USA for Africa, Band Aid e Live Aid mettono al centro dell'attenzione mediatica il dramma della malnutrizione nel continente africano e un gruppo di star musicali uniscono le loro voci in un coro che segnerà il decennio.

We Are the World nasce da un'idea di Harry Belafonte, Lionel Richie, Quincy Jones e Michael Jackson (praticamente i Fantastici 4, con la donna invisibile che fa il moonwalking) e coinvolge la crema artistica di quel periodo, da Springsteen a Diana Ross a Cyndi Lauper. C'è anche Bob Dylan, che nel video è l'unico completamente fuori contesto e sembra uno che è stato chiamato per riparare un condizionatore, un coro gospel lo tira dentro a cantare e lui, accorgendosi di essere ripreso, finge di sapere le parole.

Il video lo vedo a "DeeJay Television", il programma quotidiano in cui Claudio Cecchetto, Gerry Scotti e Kay Rush mi accompagnano nel dopo pranzo, con musica e interviste alle star del momento. A Caserta è l'unico modo per vedere dei video, perché il segnale del neonato canale Videomusic non arriva (MTV Italia nascerà solo dodici anni più tardi) e lo splendido *Mister Fantasy*, condotto da Carlo Massarini in un universo bianco, va in onda solo una volta alla settimana, in terza serata: per fortuna c'è Germana, che non si perde una puntata e mi chiama sempre per vederla insieme.

L'anno della coscienza è il 1985, dicevo, anche se è sul finire dell'84 che il progetto inglese Band Aid, ideato da Bob Geldof, con *Do They Know It's Christmas?*, inaugura la stagione del *charity record* in chiave di azione socio-politico-mediatica, mostrando a tutti come la musica, attraverso la credibilità dei singoli interpreti, possa generare un movimento d'opinione abbastanza grande da influenzare l'agenda dei governi. Certo è che riunire Sting, Bono Vox, Duran Duran, Spandau Ballet e poi Wham! e Culture Club – in uno stesso pezzo il *top of the pops* inglese – dà una spinta notevole a un progetto nato da un cantante in fondo poco noto, conosciuto ai più per aver interpretato al cinema il ruolo di protagonista in *The Wall* dei Pink Floyd.

Tuttavia il vero trionfo di questo nuovo stile di intendere la musica al servizio delle grandi cause planetarie arriva a luglio, grazie al Live Aid e ai suoi grandi concerti di Wembley e Filadelfia, con la memorabile esibizione dei Queen e la performance dei Run-DMC, in rappresentanza di un hip hop ormai assimilato. Anche se non tutto il pubblico del JFK Stadium di Filadelfia apprezza la loro presenza (una bella fetta sono sostenitori di classiconi del rock e sono lì per sentire i Rolling Stones, Bob Dylan, cosa vuoi che gliene importi di 'sti quattro ventenni che fanno solo casino?), l'hip hop raggiunge una platea potenziale di due miliardi di persone, con il 95 per cento delle televisioni mondiali sintonizzate sull'evento che sarà battuto, in termini di audience, solo dal disastro delle Torri Gemelle: a meno di dodici anni dalla sua nascita si avvera la profezia di Bambaataa: "*Hip Hop / Don't stop / Planet rock*".

Durante quel luglio '85 mi trovo anch'io a Londra, ma non per il concerto. Tre mesi prima nonna Rina (la mamma di Germana) s'era rotta un braccio e, siccome abitava da sola a Torino, mamma l'aveva raggiunta per qualche settimana per prendersi cura di lei; nel frattempo, a Caserta, io e papà folleggiavamo. Quasi tutte le sere si andava in pizzeria e in una di quelle occasioni Giovanni aveva invitato William, un suo collega scozzese, grande appassionato di buon cibo e di ottimo whisky. Nel corso della serata tanto io quanto mio padre ci eravamo resi progressivamente conto del fatto che io stessi parlando inglese in maniera abbastanza fluida, con un piglio che definirei, immodestamente, coraggioso. Alle elementari avevo frequentato un corso pomeridiano presso la English School cittadina e in prima media avevo ricevuto una manciata di lezioni private da Tiziana, studentessa di lingue che andavo a trovare a casa. Tuttavia, pur avendo imparato le regole della sintassi, non avevo occasioni per fare conversazione e, quando provavo ad ascoltare i dialoghi di un film, sentivo solo un pastone di suoni in cui non riuscivo a capire dove finisse una parola e iniziasse la successiva. Incredibilmente era stato il C64 ad aiutarmi a costruire un vocabolario, grazie alle *adventure* testuali come *Zork* e *The Hobbit*, giochi in cui si riceve la descrizione in inglese di un luogo e/o di una situazione e attraverso comandi più o meno articolati si procede: *"Break the Goblet with the pickaxe"* e così via... Nonostante la frequente ambientazione fantasy orientasse i discorsi verso temi tipici del medioevo europeo, armato di vocabolario e bloc-notes avevo imparato abbastanza parole per condurre una semplice conversazione con qualsiasi palafreniere smarrito nella brughiera della Terra di Mezzo o con chi gli sia più simile: come uno scozzese alticcio in trasferta, in pieno deliquio per la mozzarella di bufala. L'argomento della chiacchierata quella sera era l'informatica, William se ne intendeva ed era divertito dalla piega piratesca delle mie domande; proprio mentre stavamo affrontando un passaggio sull'importanza del *tracing* nell'analisi di un processo di programmazione, Giovanni aveva avuto un'illuminazione e gli aveva chiesto a bruciapelo se, secondo lui, quell'estate avrebbe avuto bisogno di un apprendista nella sua ditta di Londra: fui assunto appena prima che servissero i friarielli.

Al mio arrivo a Londra mi accoglie Maurice Cohen, il ricchissimo proprietario della ditta che importa i monitor costruiti dallo stabilimento di Giovanni e, come prima tappa, mi porta a fare merenda al country club di cui è membro, dove si sta tenendo un piccolo torneo in concomitanza con quello di Wimbledon, disputato da alcune star del tennis sui campi del club. La sensazione è di essere in un film, una di quelle commedie romantiche in cui tutto è possibile; in campo sta giocando Yannick Noah, al bar è più facile avere un sashimi di salmone selvatico che un toast e quando arriva la moglie di Maurice, di una bellezza ultraterrena, tutti gli altri ospiti si girano a guardarla incantati e facendo *oooh*: manca solo un branco di unicorni a cagare arcobaleni.

La mattina dopo ci rechiamo in ditta e, lungo il tragitto, mi appare per la prima volta la centrale elettrica di Battersea, quella specie di castello fatto di mattoni e ciminiere ritratto sulla copertina di *Animals* dei Pink Floyd, una visione fantastica a cui aggiungo mentalmente il maiale volante.

La EMCO Electronics Ltd. consiste in un grande magazzino per le merci (principalmente monitor), un laboratorio per le riparazioni e una palazzina di uffici: il mio compito sarà di creare un database per tutti i prodotti utilizzando uno spreadsheet, ovvero riportare su una specie di foglio Excel i contenuti di tutte le schede dei prodotti e delle relative scorte a magazzino. Magari altisonante, ma noiosetto. Fortunatamente potrò anche imparare a ribaltare il muletto, prendermi 10.000 volt di scossa mentre scarico dei cinescopi difettosi in laboratorio, mandare in crash il sistema bloccando l'azienda per ore. Un copione che va avanti per un mese intero, dal lunedì al venerdì, dalle nove alle cinque.

Alla sera del primo giorno mi trasferisco presso la mia residenza definitiva, a Horley, cittadina dalle parti di Gatwick, ospite di Edward Urry (responsabile finanziario di EMCO) e della sua famiglia. Ogni mattina si parte con la Ford Escort di Edward e si chiacchiera per tutto il viaggio. Lui è un quarantenne coi capelli rossicci e la barba, parla lentamente, senza particolari inflessioni, e vola in aliante. Spesso si ascolta la radio e Edward è sempre prodigo di spiegazioni sul contesto delle notizie.

Una mattina la breaking news è l'azione di alcuni attivisti di un gruppo animalista, che si sono introdotti in un laboratorio di ricerca e hanno liberato decine di cuccioli di beagle e qualche scimmia: come per miracolo capisco perfettamente il senso della notizia ed erompo in una rumorosa approvazione. Edward rimane in silenzio per qualche istante, poi pacatamente inizia a parlare e mi racconta che qualche anno prima gli è stato diagnosticato il morbo di Parkinson e che, proprio in virtù della giovane età, la sua aspettativa di vita è relativamente breve, poiché la parabola degenerativa è più rapida che negli anziani. Magari in uno di quei cucciolotti c'era la soluzione al problema suo e di centinaia di migliaia di altri malati. Sarà per la doccia gelata, ma quel giorno, passando accanto a Battersea, il maiale volante non c'è.

Nei weekend prendo il treno e vado a Londra, a toccare con un dito quella Stele di Rosetta che Germana mi ha raccontato e fatto amare fin da bambino, a perdermi nel museo di Storia naturale per ritrovarmi improvvisamente di fronte allo scheletro di un brontosauro, alto come una gru e montato in una navata gotica, a visitare il museo delle cere di Madame Tussauds e il London Dungeon (per un utile approfondimento sulle torture medievali), saltando da una parte all'altra della città come una pallina in un barile pieno di raudi.

Quel pomeriggio del 13 luglio, mentre al Wembley Stadium Freddie Mercury si mette in posa per entrare nella Storia, io sono in giro per il mercato di Camden Town e per la prima volta vedo dei b-boy ballare dal vivo su un marciapiede. Resto a guardarli volteggiare sulla schiena per un tempo infinito e scatto anche due rullini di foto mosse, nel caso la memoria mi fallasse. Quei weekend londinesi sono per me una secchiata di vita, novità e musica. Vado a far la spesa al Virgin Megastore, dove trovo pure un vinile della Rock Steady Crew (che compro per la copertina, non sapendo che fossero "quelli di *Flashdance*") e una manciata di giochi per il C64, compreso *The Rocky Horror Show*, tratto dal musical cult movie che io ed Emilio, già fan di horror e travestimenti, avevamo eletto a nostro film preferito (insieme a *Queen Kong*, oscura parodia *camp* di cui, a più di trent'anni di distanza, sto ancora cercando la rarissima versione in italiano).

Anche le serate in casa Urry trascorrono piacevolmente, immersi in una diversa normalità, calda e accogliente, con cene a base di *porridge* o *cheese and biscuits*. L'ultima immagine che ho di Edward è proprio a casa, insieme a sua moglie Barbara, la sera in cui va in onda in tv l'episodio di "Dallas" con la morte di Bobby Ewing, con lei che piange in silenzio e lui che l'abbraccia.

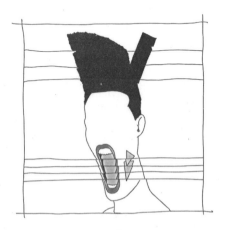

Il 1985 non può dirsi anno della Coscienza senza citare il progetto *Artists United Against Apartheid*, nato sulla scia degli esempi più illustri, con la canzone *Sun City* che si pone un passo oltre rispetto alle finalità dei propri fortunati predecessori: non viene concepito infatti come *charity record*, il cui scopo è di realizzare utili da ridistribuire in beneficenza, ma come atto politico per mettere sotto i riflettori dell'opinione pubblica la questione dell'apartheid.

In quel momento in Sudafrica la maggioranza nera è schiacciata da leggi razziste e persecutorie: ventitré milioni di persone non hanno diritto al voto, sono sottoposte al divieto di scrivere libri o canzoni che possano *offendere la popolazione bianca*, pena la reclusione, e sono perseguitate da un regime di polizia in cui i dissidenti vengono catturati, torturati e talvolta uccisi (Nelson Mandela sarà liberato dal carcere solo cinque anni più tardi).

Sul finire degli anni Settanta il governo sudafricano ha in progetto di realizzare una sorta di Las Vegas locale, in cui possano essere aggirati i divieti relativi a gioco d'azzardo e spogliarelli: a tale scopo individua un'area nel nord del paese, ne deporta in massa gli abitanti in città-ghetto, dichiara la zona uno Stato indipendente e ci costruisce Sun City, un resort a cinque stelle in cui è bandito l'ingresso ai *coloured people*. La nazione è in pieno embargo ONU e per attirare artisti a esibirsi nei nuovi casinò deve offrire cachet astronomici: Sinatra, Minnelli, Cher, Queen sono solo alcune delle star che hanno incassato assegni multimilionari per una singola esibizione.

A Steve Van Zandt, chitarrista di Bruce Springsteen noto come Little Steven, questa cosa dell'apartheid sembra una porcheria e scrive un pezzo insieme ad Arthur Baker, in cui descrive la storia del resort e il ritornello recita: "*I ain't gonna play Sun City*", "Io non suonerò a Sun City". L'idea è di coinvolgere un po' di amici e registrarlo, ma quello che succede dopo è epocale. Il pezzo si apre con Run-DMC, Melle Mel, Duke Bootee, Afrika Bambaataa e Kurtis Blow e le prime parole sono: *"We are rockers and rappers united and strong"*: i due mondi finalmente si sono saldati. Nella stessa traccia coesistono capisaldi del rock come Springsteen, Lou Reed, Joey Ramone e Bob Dylan da una parte e la selvaggia avanguardia black dall'altra, con Kool Herc, Fat Boys e Miles Davis. Il video è di grande impatto, con immagini di repertorio crude, che mostrano la durezza della repressione e i paradossi della politica segregazionista sudafricana: un pugno in faccia che molti network si rifiutano di trasmettere, ma non MTV, che coglie l'occasione per affrancarsi da tutti gli anni di embargo ai video di artisti neri e ricostruirsi una facciata più *politically correct.*

Di tutto il progetto, l'aspetto che più mi piace è che il rap sia al centro di un'azione che non chiede soldi, ma impegno, che incoraggia alla solidarietà e che fa passare il concetto che uniti si combatte meglio. E poi perché è la prima volta che vedo in faccia i Run-DMC.

Li avevo già sentiti, di notte, su una radio che da un

paio d'anni ogni tanto ascolto quando vado a letto: è l'emittente della base americana di Bagnoli, che trasmette musica americana, parlando in americano. Il segnale non è perfetto, ma tutte le novità USA arrivano in tempo reale e sento per la prima volta *The Message*, *Planet Rock* e tutta quella musica che ancora non sapevo facesse parte di una cultura chiamata hip hop: nell'85 *Hip Hop* è solo un orologio di gomma profumata che piace tanto ai paninari. Non ho nessuno con cui relazionarmi per saperne di più e, di tutti gli amici, l'unico che manifesti una qualche attenzione per questa cosa del breakin' è Salvatore Gagliarde, mio compagno di liceo, con cui compro in società *Impara anche tu la Break Dance*, monografia di quarantotto pagine con le sequenze fotografiche dei passi principali e una cassetta.

Questo è il vero acquisto che mi cambia la vita. Sul nastro ci sono Run-DMC, Rock Steady Crew, Lisa Lisa & Cult Jam, beat da far sanguinare le orecchie, ma sarà un pezzo in particolare a farmi scattare la molla e a diventare il mio preferito di sempre, almeno fino a oggi: *Rockit* di Herbie Hancock.

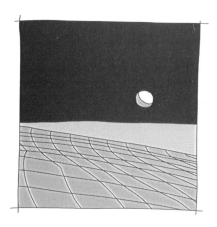

Hancock è un jazzista, tastierista di Miles Davis, appassionato di sperimentazioni e con l'approccio, tipico della *jam session*, di chi ama lasciare ampia libertà di espressione ai propri collaboratori. Per *Rockit* recluta due musicisti, Bill Laswell, fautore della *collision music* (in cui la composizione scaturisce dall'interazione tra musicisti appartenenti a generi completamente diversi tra loro) e Grand Mixer D.ST, dj adepto di Kool Herc, uno della primissima generazione hip hop.

Laswell ha carta bianca e produce una traccia electro jazz su cui D.ST registra gli scratch più potenti mai incisi su un disco, cui Hancock aggiunge le proprie tracce di *synth*, siglando il capolavoro.

È uscito nel 1983, ma io non l'avevo mai sentito e con quella cassetta m'investe come una doccia elettrica. Lo scratch di Grand Mixer D.ST in *Rockit* trasforma il giradischi in uno strumento musicale, facendone un elemento portante in tutto il pezzo; il suono scelto da D.ST per scratchare è la parola *"fresh"*, tratta da *Change the Beat* di Fab 5 Freddy. La canzone si conclude con la frase: *"Aaaahhh... this stuff is really fresh"* passata dentro a un *vocoder*, lo strumento che altera la voce tornato in voga grazie ai Daft Punk. La parte iniziale *"Aaaahhh"* e l'ultimo *"fresh"* sono talmente utilizzati da rendere *Change the Beat* il pezzo più campionato della storia, con oltre duemiladuecento utilizzi, praticamente tutti scratchati.

Rockit diventa la mia sveglia, quando tutte le mattine parto per il liceo mi dà una carica speciale, in una città che sta prendendo un respiro sempre più internazionale: dall'82 la JuveCaserta, squadra di basket cittadina, è entrata in serie A e annovera alcuni dei campioni del momento, su tutti il brasiliano Oscar Schmidt, atleta dal grande valore umano e sportivo. Abita dietro al mio liceo e in più di un'occasione gli citofono per dirgli quanto sia bravo; lui risponde sempre gentile e disponibile, e una volta mi fa salire e mi accoglie sulla porta di casa per stringergli la mano.

La febbre del basket dilaga ogni giorno e nell'85 è assai più facile trovare in giro ragazzini con la palla arancione che con quella da calcio, nonostante sia atterrato Maradona con un elicottero in mezzo al San Paolo. Con Carlo, l'altro amico informatico, si scavalca il cancello per andare a tirare nel campetto del liceo, dove ogni tanto ci capita di incontrare uno davvero bravo. In quelle occasioni ci sediamo e lo guardiamo giocare. Alto 1,94 e con una mira eccezionale, Vincenzo Esposito è entrato nella JuveCaserta nell'84 a quindici anni, diventerà il quarto miglior marcatore di sempre del campionato italiano e sarà il primo giocatore italiano a segnare punti nel campionato NBA, traguardi che raggiungerà mantenendo la straordinaria attitudine che ha in quel campetto, saltando tra le buche come un ragazzino in un *playground* di Brooklyn.

C'è una strana atmosfera in città, Caserta sembra vivere una sorta di Rinascimento, si creano luoghi di aggregazione e si respira un'aria nuova, più serena: la parola "camorra" la si sente di rado e, nonostante a scuola fin dalle medie si racconti che "a Casal di Principe per la comunione gli regalano la pistola", non si ha l'impressione di vivere in un'area pericolosa: c'è un'atmosfera di grande *normalità*. La stessa normalità con la quale un giornalista napoletano, Giancarlo Siani, viene ucciso per le sue inchieste proprio sulla camorra, inspiegabilmente mai nominata da nessuno...

A scuola con la terza liceo sono cambiati alcuni professori, la cattedra d'italiano la prende la prof. Quarantotto, che ha un piglio davvero speciale. Il primo giorno di lezione ci fa aprire la *Divina Commedia* e leggere i primi tre versi del primo canto; poi chiude il libro e inizia a raccontarci chi fosse Dante, quali fossero i suoi gusti, gli impegni politici, le relazioni sentimentali. Da quel giorno ogni interrogazione si svolgerà con la modalità *apri, leggi i tre versi, chiudi e attacchi a parlare*. Anche a fine anno, ogni riflessione deve scaturire da quei tre versi e io sono innamorato di quella donna meravigliosa, insegnante appassionata da film hollywoodiano, che riesce a coinvolgere chiunque e a valorizzare ognuno.

Tutto scorre bene, le giornate sono piacevoli, gli amici sempre disponibili e la scuola procede spedita, fino a quando, un giorno, Giovanni annuncia: «Lascio la Indesit per diventare direttore generale della Renzacci, quest'estate ci trasferiamo a Città di Castello».

Non è previsto un dibattito. Io mi sento crollare il mondo addosso, l'idea di rinunciare a tutto il mio microcosmo per andare in un posto che non ho mai sentito nominare mi deprime, lo vivo come un'ingiustizia: non sapete che significa avere sedici anni?

La gita scolastica del 1985-86 è a Firenze, con pernottamento a Montecatini Terme, dove entro per la prima volta in una discoteca, il Tramp, che viene aperta praticamente solo per noi: sembra una festina delle medie sotto steroidi. Se mi fossi basato su quella singola esperienza non avrei più messo piede in una discoteca.

Sulla strada del ritorno, come d'accordo con il preside e gli insegnanti, Germana, accompagnata da un autista della ditta, intercetta il pullman all'area di servizio di Incisa e mi prende in consegna, per andare a visitare insieme questa Città di Castello, in provincia di Perugia.

Il primo impatto non è dei migliori e, nonostante sia una cittadina bellissima, con un'atmosfera medievale calda e intrigante, è minuscola rispetto a Caserta; ci sono una sola libreria, un solo negozio di dischi, un paio di negozi di informatica, ma sono poco più che uffici/laboratori con una vetrina. E poi la lingua, incomprensibile per me che, arrivando da un posto dove "andiamo" si dice *"iamme"*, non mi capacito di questo *"gìmo"* gutturale, che sento respingermi.

I mesi passano rapidi e il mio stress aumenta esponenzialmente. L'idea di dover salutare gli amici, impacchettare tutte le mie cose, lasciare il posto in cui ho vissuto per tre quarti della mia vita è troppo per me e sento il bisogno di fare una cazzata: mi metto a fumare. La prima sigaretta fa schifo, anche la seconda e faranno schifo tutte, perché sono le MS che fumano i miei e le MS, già nel 1985, fanno schifo. In piena spirale autodistruttiva a scuola inizio ad andare male in scienze, matematica e disegno, che per un liceo scientifico è un bel tris, tanto che mi rimandano (il 4 in disegno è perché ho dato dell'ubriacone al professore, che secondo me aveva un serissimo problema di alcolismo e probabilmente definirlo "lo sbronzo di Riace" non ha giovato né a lui né a me).

Fortuna che Germana sa come temprare un cuore in tempesta e mi incoraggia a studiare bene, perché gli esami di riparazione li dovrò fare nella nuova scuola: cazzo. Il liceo scientifico Piero della Francesca di Sansepolcro, che è molto diverso da quello di Caserta, ha un quinto degli iscritti, col preside che conosce i nomi di tutti e si rivolge agli studenti dando loro del lei.

Dopo un mese di full immersion in equazioni e mitocondri, il giorno degli esami incontro quelli che diventeranno i miei insegnanti e tiro un primo respiro di sollievo: Marinella Acquisti, matematica e fisica, sembra la versione numerica della Quarantotto, le prove scivolano via facili e vengo ammesso al quarto anno. Nella mia sezione si insegna inglese, mentre io provengo da sei anni di francese, ma quando al primo dettato in classe tutti i miei compagni sentono *sergent* ("sergente") io capisco *surgeon* ("chirurgo") e pure con la prof. Lucilla Burroni è amore a prima vista.

Ogni mattina raggiungo la scuola prendendo un trenino della Ferrovia centrale umbra che ferma a poche centinaia di metri da casa, e quelle mattine gelide e nebbiose finiranno dritte nella seconda strofa della mia *Pugni in tasca*.

Sul treno conosco tre studenti del mio stesso liceo, con cui nel giro di pochi viaggi stringo amicizia: Andrea Polidori detto "il Poli", in cui arde il sacro fuoco del windsurf,

Francesco Cozzolino, violoncellista e compositore, e Lorenzo Mercati, il più giovane del trio. Sono i primi amici in questo territorio alieno, in cui sono arrivato con la speranza di trovare qualcuno come Andrea, appassionato di computer, o come Emilio, eclettico inventore di situazioni spettacolari. Ho la certezza di dover ricominciare daccapo, mettendo sul piatto tutto quello che so e che mi piace: i tre del trenino sono il miglior punto di partenza che mi potesse capitare.

Frequentiamo insieme la discoteca FormulaUno, un locale vero che, in pieno stile anni Ottanta, ha tre piste, una sala video, il palco, la passerella, il cubo al centro che sale e scende e, soprattutto, un dj pazzesco, Marco Cesari: ogni settimana va a Rimini al Discopiù per il rifornimento di dischi e ritorna con le ultime novità americane e inglesi, che mescola con alcune chicche che ha messo da parte nel corso degli anni, offrendo ogni sera una selezione del meglio che ci sia in quel momento nei club del resto del mondo. La nascita dell'*house music*, poi *acid*, quindi *techno*, i suoni di Detroit e Chicago miscelati con il rap di Big Daddy Kane, Cesari ha un accidenti di buon gusto nell'abbinare le canzoni, tocca il vinile con eleganza e io ascolto, guardo e imparo. La sua è una scuola che frequento insieme a Lorenzo ed è con lui che iniziamo a fare esperimenti con ciò che abbiamo a disposizione: un giradischi e un registratore a cassette.

Quell'unico negozio di dischi, Zucchini, lo frequentiamo spesso e compriamo tutto il rap che ci transita, lì scopriamo KRS-One e Boogie Down Productions, Eric B. & Rakim, Dj Jazzy Jeff & The Fresh Prince; poi si torna a casa e si registrano i nostri mix tape, o almeno ci si prova, facendo esperimenti per interi pomeriggi. Avere un solo giradischi è una bella limitazione, è un po' come voler fare motocross con un monociclo, ma non ci lasciamo scoraggiare ed elaboriamo una nostra soluzione: si prepara la cassetta in registrazione, con la pausa premuta, poi si fa partire il disco e contemporaneamente si molla la pausa al nastro, si registra il pezzetto di audio che si vuole (spesso uno o due secondi al massimo), quindi si stoppa il nastro, lo si estrae e, aiutandosi con una matita, lo si riavvolge per un quarto di giro e si riparte daccapo. Il risultato è una sequenza di campioni tutti collegati tra loro e che dovrebbe suonare come un flusso continuo: dovrebbe. La stessa tecnica è stata utilizzata da quasi tutti gli mc di cui usiamo i dischi, noi non lo sappiamo e sicuramente lo facciamo peggio, perché le nostre cassette sono orrende e piacciono solo a noi, che sembriamo i Flintstones mentre provano a fare i Pronipoti.

Finalmente ho iniziato a comprare musica e questo 1986 ne regala di ottima, Kraftwerk e Art of Noise i miei preferiti, oltre al pezzo rap rivoluzionario dei Run-DMC, destinato a entrare negli annali come il suggello finale alla convergenza tra rock e hip hop: *Walk This Way*. La canzone è degli Aerosmith, band di successo negli anni Settanta, ma che da qualche tempo sta attraversando una fase di crisi; Jam Master Jay ne ha due copie e utilizza esclusivamente il break iniziale, su cui Run e DMC rappano le loro rime: nessuno di loro ha mai sentito come prosegua il pezzo oltre quei tre secondi di batteria, perché sono sufficienti. Russell Simmons ha un'idea geniale e chiede ai ragazzi di imparare a rappare il testo originale della canzone, che parla di un ragazzo e della sua introduzione al magico mondo del sesso da parte di una disinibita cheerleader del proprio liceo, il tutto raccontato con uno slang *hillbilly* e quindi bianco che più bianco non si può. Run e DMC si rifiutano di cantare quella porcheria: già era stato difficile accettare quelle chitarre su *Rock Box*, ma questo li avrebbe resi lo zimbello di tutto il quartiere.

Dopo qualche giorno di tiramolla, Jam Master Jay telefona ai ragazzi e risolve l'impasse, andando oltre quei tre secondi e scratchando l'intro di chitarra; poi passa il telefono a Rick Rubin, che dice: «Venite subito qui in studio, sono arrivati gli Aerosmith», e riattacca.

Il video dell'incontro tra Run-DMC e Aerosmith è un documento straordinario, in cui si vedono due gruppi di alieni che si studiano e il vecchio rock e il nuovo rap che scoprono i reciproci talenti: i ragazzi rappano direttamente usando il disco come base, Steve Tyler e Joe Perry aggiungeranno il loro tocco e il risultato sarà il primo vero *crossover* e rappresenterà per il pubblico bianco la più accogliente porta d'accesso all'hip hop.

Ai Run-DMC dobbiamo un'altra novità rivoluzionaria: sono loro i primi musicisti a ricevere la sponsorizzazione di un marchio sportivo; il business miliardario che oggi vede normalmente coinvolte popstar e multinazionali nasce proprio da un'iniziativa della band. Le Adidas Superstar sono una cifra stilistica del trio e quindi rappresentano uno status symbol per tutti gli altri ragazzi, che spesso affrontano grossi sacrifici per possederne un paio. Dr. Deas, un medico, attivista politico e musicista del Queens, scrive il rap *Felon Sneakers* in cui esprime tutto il proprio biasimo per una generazione che pensa solo alle scarpe, che per averle è disposta a rubare, stuprare e uccidere, una generazione inetta proprio per colpa di quelle *scarpe criminali*. Sentitisi chiamati in causa, con uno scatto d'orgoglio i Run-DMC scrivono *My Adidas*, omaggio spontaneo e disinteressato alle loro scarpe preferite, che descrivono in un'accezione positiva, come quelle che li hanno portati a calcare i palchi di tutto il mondo, con cui hanno camminato su quello del Live Aid, per sostenere la causa meno *delinquenziale* del mondo.

Il pezzo, chiaramente, è un successo e la notizia raggiunge il responsabile statunitense del marchio tedesco completamente a digiuno di hip hop, che si accorda con Russell Simmons per assistere al concerto della band al Madison Square Garden, già sold-out.

Mentre l'uomo di Adidas è dietro le quinte, Run si sfila una scarpa, la mostra al pubblico e dice: «Se indossate Adidas, fatele vedere adesso!».

Quarantamila sneakers fioriscono in platea, il tipo dell'Adidas sbianca e i Run-DMC firmano un contratto di sponsorizzazione da un milione di dollari. A suggellare l'accordo, Adidas regala ai Run-DMC tre pendenti d'oro massiccio e brillanti a forma di Superstar, il più esclusivo e ambito gadget della storia dell'hip hop.

25

Una sera di novembre, a tavola, Germana esordisce dicendo: «Domani mi ricovero e, siccome mi hanno diagnosticato un tumore al collo dell'utero, dopodomani mi operano». Lo dice tutto d'un fiato, dopo l'arrosto.

I due giorni successivi a scuola sono solo ronzii, che fortunatamente si dissolvono nella bella notizia di un intervento drastico, ma risolutivo.

Ora, capisco l'esigenza di proteggere, capisco che quel dolore – secondo l'istinto materno – non doveva essere mostrato, condiviso, guardato da diversi punti di vista, ma tenuto solo per sé; quello che fatico a comprendere è la scelta di non averci preparati gradualmente a quel cambio di realtà, ma di aver optato per un *coup de théâtre*, convinta di poter comprimere l'angoscia altrui in un singolo stress puntiforme, senza considerare quanto possa essere ugualmente micidiale.

Dopo l'intervento Germana cambia, ingrassa, guarda la sua bellezza sfiorire senza quasi opporsi e lasciando che la natura faccia il suo corso, asserragliandosi sempre di più in casa, in una città nuova in cui rinuncia a cercare nuovi amici. Ne troverà nei miei, di amici, che alle volte in mia assenza passeranno a trovarla, solo per sentirle raccontare una storia o per confidarle un segreto, in cerca di un consiglio. Germana, che sa far ridere, che sa ascoltare e che quella volta, forse, avrebbe dovuto sapersi far aiutare.

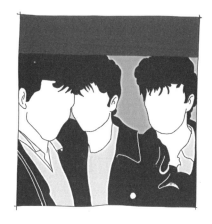

La foschia che l'operazione di mamma ha portato nella vita di famiglia è spessa, tra papà che parla sempre poco e io che a scuola me la cavo peggio degli altri anni, mentre cerco rifugio altrove: come a Caserta, oltre alla musica, il computer è uno spazio sicuro in cui nascondermi. Sono passato all'Amiga 2000, completamente diverso dal C64, molto più simile a un PC e controllato da un mouse. Tra le spese per i dischi e qualche programma per l'Amiga, le mie risorse finanziarie si prosciugano: devo trovare rapidamente una soluzione e quello che decido di fare è puro situazionismo.

Siamo nel pieno dell'esplosione della moda paninara (io stesso porto le Timberland, i Levi's larghi e il bomber di pelle, più o meno come faranno i Naughty by Nature cinque anni più tardi) e in edicola vendono dei giornalini terrificanti, tra cui "Wild Boys" che, tra l'imperdibile rubrica sulle fibbie texane e quella sui calzini scozzesi, manca di una bella paginetta sui videogiochi; telefono in redazione e mi presento come un giornalista specializzato, offrendo i miei servigi in cambio di lire centomila per ogni articolo con illustrazioni: a loro sta bene e mi chiedono di inviarne uno di prova.

Nel 1986 i videogiochi in Italia li importa una sola ditta, la Mastertronic di Casciago, e la seconda telefonata la faccio a loro, come giornalista di "Wild Boys" che vorrebbe recensire le loro novità su questa pubblicazione dal target così in linea proprio come se fosse antani, e mi credono subito. La settimana dopo quello che ricevo è praticamente un pacco natalizio, con dentro una decina di giochi per il C64, tre o quattro per l'Amiga e – segreto oggetto del desiderio – *The Final Cartridge III*, una miracolosa cartuccia da inserire nel C64 che permette, una volta caricato un gioco, di salvarlo su disco per intero, aggirando le protezioni e rendendo la pirateria alla portata di chiunque sappia schiacciare un pulsantino rosso.

Quindi scelgo un gioco (mi pare *Samantha Fox Strip Poker*) e scrivo la recensione nel dialetto surreale dei paninari milanesi (*'iao panozzi stragallosi, per suggellare lo zillo con la slandra* ecc.), allegando un dépliant da usare come illustrazione, così la prima centomila me la metto da parte. Poi, usando la cartuccia magica, faccio le copie di tutti i giochi del C64, mentre gli originali li rivendo sottobanco a uno dei due negozietti che ci sono in città, recuperando un'altra bella centomila. Tutto in culo alla legalità, sia ben chiaro. La mia collaborazione va avanti per tre mesi, poi il giornale decide di sostituirmi con un ciclo di monografie sui gel a tenuta forte.

La musica, invece, non tradisce mai e ogni settimana con Lorenzo compriamo da Zucchini almeno un disco, album o singolo che sia, per tornare subito a casa a studiarlo e distruggerlo sulle nostre cassette.

Il volgere del 1986 è pigro e piatto, mentre a scuola scarabocchio il banco con i miei tag, ancora alla ricerca di uno definitivo. Il primo che utilizzo è Zap, con un fulmine che trapassa la scritta verticalmente, veloce e facile da ricordare. Poi mi torna in mente quando Salvatore Gagliarde, il mio compagno di hip hop casertano, aveva trovato su un giornale la scritta HI-NRG e aveva detto: «Guarda, con poche lettere sintetizzano due parole lunghe: potrebbe essere un buon nome d'arte», e inizio a lavorarci su.

Non mi curo molto di sapere se esista già qualcuno o qualcosa che possa chiamarsi HI-NRG: nella fattispecie ignoro che si tratti di un sottogenere musicale della disco, caratterizzato dal basso che sale o scende di un'ottava a ogni nota (come in *I Feel Love* di Donna Summer o *You Make Me Feel* di Sylvester), e che non c'entri una mazza con quello che faccio, ma il suono mi piace e tengo quello.

I tortuosi sentieri della creatività mi fanno approdare al mio primo vero tag, che sviluppo su tutta la larghezza del banco, in cui la N si prolunga in orizzontale, come il simbolo della radice quadrata, a coprire la R e la G. I miei studi di graphic design si interrompono bruscamente per una visita a sorpresa da parte del preside, il quale – pur ammirato per il grande sforzo profuso – mi spedisce dal bidello a prendere l'alcol e uno straccio. È un tipo tosto, il preside Tarquinio, che a cadenza mensile ci raduna tutti e trecento nell'atrio del liceo e ci fa un discorso, in cui ribadisce costantemente: «Voi siete la classe dirigente del futuro». Digerente, signor preside, digerente.

Quello che per me si è rivelato un anno decisamente *no*, per Rick Rubin e Russell Simmons è stato il primo degli anni veramente *yeah*. La crescita della loro Def Jam inizia nell'84, quando scoprono LL Cool J, rapper appena sedicenne che bombarda di demo e telefonate il dormitorio di Rubin, fino a ottenere un'audizione e un contratto.

Con lo stile asciutto di scuola Run-DMC, *I Need a Beat* di LL Cool J ha subito un certo successo e il merito è anche di un amico di Rubin, Adam Horovitz: è lui che si prende la briga di ascoltare la valanga di demo che arriva ogni giorno e seleziona dal mucchio quello di Cool J, perché ne riconosce immediatamente il talento. Suo anche il beat del pezzo, essendo sua la drum machine che viene usata, l'unica disponibile. Adam Horovitz è uno di quei tre ragazzini ebrei di Brooklyn che frequentano il dormitorio di Rubin e insieme costituiscono un trio punk rock: i Beastie Boys. Attratti dall'hip hop, vogliono sperimentare con queste sonorità, e sarà lo stesso Rubin, con lo pseudonimo di Dj Double R, a diventare il dj della band. Il primo pezzo, anche se molto sperimentale, è *Cooky Puss*, esce nel 1983 ed è costruito intorno alla registrazione di uno vero scherzo telefonico fatto a una gelateria, in cui Ad Rock (Horovitz) in pratica chiede di parlare con una torta gelato.

Dopo aver realizzato un paio di altre canzoni con la Def Jam e pur avendo solo quattro pezzi in repertorio, i Beastie Boys vengono ingaggiati come gruppo di apertura per numerosi concerti rap e per il tour di una giovanissima Madonna, già molto affermata.

La coppia Rubin/Simmons si sta rapidamente imponendo all'attenzione delle major discografiche; il successo di *Raising Hell*, l'album dei Run-DMC che contiene *Walk This Way* (in tutto dodici tracce fortissime, che comprendono anche *My Adidas* e *It's Tricky*), mette i due della Def Jam nella condizione di sottoscrivere un accordo di distribuzione con la Columbia Records, e di incassare un anticipo abbastanza grande da lasciare il dormitorio e trasferirsi in un vero ufficio. In questa fase di espansione arrivano a realizzare un film, *Krush Groove*, in cui viene raccontata una versione più che romanzata della vita di Russell Simmons, con protagonisti Run-DMC, Fat Boys, Kurtis Blow e le apparizioni di LL Cool J e dei Beastie, in una sorta di mega showcase della loro etichetta.

Sull'onda dell'euforia, nel 1986 nasce *Licensed to Ill*, il primo album dei Beastie Boys. Prodotto da Rick Rubin, è una collezione di canzoni che, mescolando hip hop, rock, punk e funk, spaziano tra vari stili e propongono un approccio innovativo alla composizione musicale: una serie di piccole porzioni musicali, tratte dalle più disparate sorgenti, sono sovrapposte e giuntate, come in una specie di collage acustico. Il *sample layering* – questo il nome della tecnica che i Beastie Boys hanno sperimentato per gioco nella loro *Hold It Now, Hit It!* – diventerà la modalità standard con cui buona parte della produzione hip hop si esprimerà nei successivi quindici anni.

CAMPIONATORE

Nel 1985 la ditta di strumenti musicali elettronici californiana E-mu Systems mette in commercio il primo modello di drum machine con campionatore integrato, la E-mu SP-12, che dispone di un proprio set di suoni interni e di una memoria su cui registrare dei brevi campionamenti (per totali 1,2 secondi, successivamente espansi a 5). L'innovazione consente di creare i propri kit di batteria, diversi da quelli usati ormai da tutti: è arrivato il momento in cui l'hip hop può plasmare il funk e dj Marley Marl ne è il pioniere, iniziatore della *golden age*, la fase in cui l'hip hop scopre l'uso creativo del campionamento. Marley Marl seleziona i break più classici, di ognuno registra e isola i singoli colpi di cassa, rullante e charleston, e realizza una libreria di spezzoni di nastro, in modo da poterli campionare agevolmente sulla SP-12 e poter suonare un beat di sua creazione, ma costituito dagli elementi del break originale, mantenendo quella timbrica già familiare e così potente.

La SP-12 (e la SP-1200, uscita nel 1987) ha un'interfaccia a cursori che permette inoltre di modificare l'intonazione dei suoni campionati, rendendoli più acuti e più gravi semplicemente riproducendoli a velocità minore o maggiore. Per chiarirvi il principio pensate a un disco e a quando si rallenta: le voci registrate diventano più gravi, mentre accelerandolo si fanno più acute. La possibilità di intervenire sulla velocità di riproduzione dei campioni spalanca il mondo della composizione musicale ai produttori hip hop, spesso autodidatti, che ora possono campionare una singola nota di basso e *suonarla* variando l'intonazione del medesimo campionamento, e non importa se la qualità di riproduzione non è eccelsa e i suoni pitchati in basso (riprodotti a velocità minore dell'originale) risultano sgranati.

Il più grosso limite di questi strumenti è rappresentato dall'esigua quantità di memoria di campionamento a disposizione dell'utente e, per brevi che siano, bastano pochi suoni per esaurirla: un'intuizione permetterà di aggirare il problema e influenzerà notevolmente il sound degli anni Novanta. Se un break di batteria è registrato su un disco a 33 giri e io lo suono a 45 giri, cioè più veloce, lui suona più acuto e dura meno tempo: campionandolo a questa velocità e abbassando successivamente l'intonazione sul campionatore avrò una versione più sgranata del break originale, ma intera. Posso quindi registrare un giro completo, tagliarne con precisione l'inizio e la fine e farne un loop, che potrà suonare all'infinito, senza dover ricorrere a due giradischi e a due copie dello stesso disco. Posso inoltre spezzettare il break in singoli colpi, o in porzioni un po' più grandi, da rimontare a piacimento, posso rinforzare i suoni di cassa e rullante sovrapponendovi altri suoni di cassa e rullante (*drum layering*), creando una versione unica di un break classico. Posso prendere un riff di fiati da un disco jazz e combinarlo con un organetto che ho registrato dalla tv, componendo così nuova musica partendo da elementi preesistenti, con la stessa tecnica che si usa nel collage: come l'immagine di una mano, se ripetuta decine di volte, può dare l'idea di una foresta, così tre note di sax isolate dal loro contesto originale possono restituire il senso di alienazione cui le liriche fanno da contrappunto.

Nel 1988 la casa giapponese AKAI, in collaborazione con Roger Linn (l'inventore della *LinnDrum*, rivale della Roland TR-808), crea, in risposta alla E-mu SP-1200, la MPC 60 e la MPC 3000, dove MPC sta per *Midi Production Center*, su derivazione dalla Linn 9000, fallimentare esperimento del 1984 di cui furono realizzati solo milleduecento esemplari e che condusse Roger Linn alla bancarotta: in pratica è una drum machine sotto steroidi, che permette di collegare tastiere e moduli dotati di porta MIDI (il linguaggio standard con cui gli strumenti elettronici comunicano tra loro) e farli suonare insieme ai campionamenti. L'interfaccia con sedici pad quadrati di gomma su cui poter picchiare le dita come su una percussione, il display ampio, la migliore qualità del suono, le innumerevoli funzioni di editing su centinaia di tracce, il floppy driver integrato e un caratteristico swing consacreranno l'MPC come *lo* strumento musicale per fare hip hop. Il mio album *La morte dei miracoli*, del 1997, è completamente prodotto con l'MPC 60, che ho imparato a usare a fianco di Ice One, uno dei maestri della produzione di beat che, assieme a Julie P, ha realizzato la base di *Quelli che benpensano*. La durata complessiva dei campionamenti che costituiscono quella base è inferiore a dieci secondi, per farvi capire cosa significhi ottimizzare la memoria a disposizione.

Ad Rock, MCA e Mike D sono appena maggiorenni, arrivano dal punk e più che provocare amano sfottere, esasperare i cliché giovanili ed esibirli come in un circo, a cavallo tra il mondo delle confraternite universitarie in stile *Animal House* e quello decadente delle rockstar alla Ozzy Osbourne; dissacranti fin dal primo istante, la loro estetica è più da studenti fancazzisti che da hip hop band, e Mike D risponde a modo suo alla crescente opulenza che anche i Run-DMC hanno iniziato a ostentare con le loro pesanti collane d'oro: lui sceglie di appendersi al collo lo stemma della Volkswagen rubato a un furgone. Diventa immediatamente un trend (io stesso ne avrò rubati almeno una decina) e un paio di mesi dopo l'uscita dell'album la casa automobilistica tedesca farà una campagna pubblicitaria con l'immagine di una Golf a cui hanno staccato il logo, suggerendo: "Non rubarli ad altri, ma chiedili in omaggio direttamente a noi".

Il singolo di lancio dell'album è *(You Gotta) Fight for Your Right (to Party)* ed è supportato da un video, una storia di *party devastation*, con un gruppo di vandali che fa irruzione nella noiosa festa di due nerd, ne saccheggia la casa e alla fine si dilegua, dopo una battaglia a torte in faccia. Nonostante l'intento dei Beastie Boys sia di parodiare la cultura sciovinista tipica delle confraternite universitarie, sono proprio le comunità dei campus a sancire il successo istantaneo del pezzo, facendone il loro inno e motivando MTV a inserirlo immediatamente in alta rotazione.

Il successo della canzone e il loro indulgere in quei personaggi caricaturali che divertono e indignano incollano addosso ai Beastie Boys l'etichetta di "cazzoni col cappellino" che riusciranno a cancellare solo dopo anni di fatica; gli eccessi da rockstar che criticavano sono diventati, per loro, abitudini e le trovate con cui animano i live (come una gabbia con dentro una ballerina seminuda e un enorme fallo pneumatico alto cinque metri che raggiunge l'erezione sul finale del concerto) saranno imbarazzanti reliquie di un passato di consigli pessimi e interessati: alla conclusione del *Licensed to Ill Tour* si rompe anche il sodalizio con Rubin, che da troppo tempo li tratta come un prodotto da commercializzare più che come il trio di amici che lo ha aiutato a partire; non gli paga nemmeno le royalty sul disco, primo in classifica, il più venduto dell'anno.

I Beastie Boys diventano quello che più detestano e il karma li premia offrendo loro successo planetario e amici traditori: io, a sedici anni, purtroppo non colgo quella che forse è la più grande lezione che quei tre ragazzi mi stiano dando, molto più importante del *sample layering*.

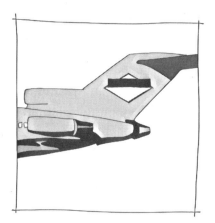

26

Mamma sta meglio e il suo carattere incline alla drammatizzazione non cede, ma neanche peggiora, il che a modo
suo è già un successo. Al contrario la mia situazione scolastica, seppur meno tragica dell'anno precedente, termina
con matematica e chimica a settembre: una scocciatura per
me, un inutile peso per Germana.

Non mi faccio tuttavia mancare nulla e a luglio vado a Torino, dove nel frattempo si sono trasferiti da Caserta Andrea
e Marco Rivetti (i miei amici del Commodore 64), per andare a vedere il mio primo concerto *grande*, che è praticamente un minifestival: In Tua Nua, UB-40, Big Audio Dynamite
e Eurythmics. Mi ricordo solo gli ultimi due, i fan degli altri non se ne abbiano a male (e i fan degli In Tua Nua vorrei proprio conoscerli, se esistono), ma gli Eurythmics sono,
per l'appunto, gli Eurythmics ed è inutile che ve ne stia a
parlare (show pazzesco e *Sex Crime* una fucilata di elettri-
cità che ancora brucia). I Big Audio Dynamite sono un progetto nato da Mick Jones dopo la fine dei Clash, insieme a
Don Letts, il regista di molti dei video della punk band oltre che dj reggae. La mistura è un tale concentrato di hip
hop, reggae, punk, tric-trac & botte a muro che il Comu-

nale di Torino diventa un dancefloor: bella questa cosa dei concerti, mi dico, me ne devo ricordare!

Un pezzetto dell'estate lo passo a Torrette di Fano, dove il Poli ha una casa e Lorenzo, il mio socio dj, la roulotte al campeggio Stella Maris. Torrette è la colonia estiva di Città di Castello, al punto che la disposizione delle roulotte nei due camping finisce col riproporre in piccolo le relazioni di vicinato della città, un po' come nella New York degli emigranti, dove i palazzi portavano il nome del paese italiano da cui provenivano tutti i suoi inquilini.

I "tifernati", gli abitanti di Castello (il termine deriva dal nome latino *Tifernum Tiberinum*), sono persone dirette e cordiali, con una passione per il convivio e lo star bene: Castello è una botte piccola con molto vino buono, ma ci metterò ancora un po' a capirlo. Nonostante abbia già una piccola cerchia di amici, il giorno del mio diciottesimo compleanno me ne vado a mangiare da solo in pizzeria; non c'è nulla da festeggiare e il mio umore è sotto terra. Non ho voglia di stare a casa a fingere una gioia che non mi appartiene, perché la malattia di mamma è sempre un terno al lotto, mi ritrovo in un posto che a distanza di un anno ancora percepisco alieno, a scuola sono andato un po' di merda, gli amici di Caserta mi mancano come l'aria e ho una gran voglia di piangere: l'antidepressivo che scelgo prevede salame piccante e doppia mozzarella.

Il resto dell'estate lo passiamo in Sicilia, con l'aiuto di Giovanni e di suo fratello Vito, entrambi *in charge* per i miei recuperi di settembre. Vito è un astrofisico, laureato in cibernetica all'Università di Stanford, dove adesso insegna, ed è il prototipo del genio pasticcione, capace di preparare la valigia, arrivare trafelato all'aeroporto e telefonare a casa a Rossana, moglie e collega, per chiederle dove debba andare («Ma come, Vito? A San Diego!», «Ah, vero... Ciao!»).

Quel mese in famiglia a far feste sul terrazzo è un toccasana per tutti. Le polpette di nonna Mariulì, la pasta al forno di zia Ninni, i buccellati di Ninì Giordano (amica di famiglia, ormai annoverata tra i parenti), tutto è perfetto e le ferite dello spirito si rimarginano abbastanza: in fondo le panelle sono un po' un cerotto per l'anima.

Mentre io affogo nel fritto le ansie scolastiche, dall'altro lato dell'oceano viene pubblicata una pietra miliare del rap, che eternerà il suo autore nell'empireo dell'emceeing: l'album *Paid in Full* di Eric B. & Rakim (il primo dj, il secondo mc).

Rakim rivoluziona radicalmente lo stile del rap, tanto nella forma quanto nei contenuti, introducendo un nuovo modo di scrivere rime. Finora le metriche usate dagli mc sono abbastanza rigide, spesso si ricorre alla rima baciata e dunque il fuoco degli autori dal punto di vista del "suono della parola" è concentrato sul finale di ogni verso, perché è lì che le parole devono "suonare uguali", mentre viene dedicata meno attenzione alla restante parte del verso. Lo stile di Rakim, invece, fa un uso molto ampio della rima interna, ovvero di versi che contengono parole che suonano uguali, ma non solo nel finale: per "suonare uguali" non è necessario che creino una rima perfetta (gatto/matto), funzionano anche rime imperfette o assonanze (malto, gotta, Lancillotto) che, se utilizzate all'interno del verso, permettono di creare un flow pieno di dinamiche sonore, sincopi e pause.

Il jazz di John Coltrane è fra le maggiori ispirazioni per le metriche di Rakim, il modo in cui un tema viene deformato all'estremo, pur restandovi in contatto, riprendendone le note e facendole riemergere dal flusso sonoro, come ciliegie messe a rinfrescare sotto a un getto d'acqua; l'uso di tempi sincopati su un ritmo costante permette di giocare con più parole, di avere più ganci ritmici su cui farle saltare, sfruttando la voce come se fosse una percussione che disegna un motivo complesso intorno alla semplice linea di batteria.

Il primo singolo, *My Melody*, colpisce tutti gli mc come uno schiaffone di stile e attitudine, è una canzone piena di giochi di rilancio sonoro all'interno delle strofe e il nostro mc è nettamente al di sopra degli eventuali avversari; Rakim è sempre stato un fan dei grandi mc del passato, Melle Mel e Grandmaster Caz su tutti, nei cui pezzi le rime interne esistono, ma sembrano quasi incidentali. Accortosi che nei punti in corrispondenza con le rime interne si ha la sensazione che il rap rotoli meglio, Rakim fa quasi lo stesso ragionamento di Kool Herc: se uno iniziò a fare serate suonando solo i break, l'altro si mette a scrivere rap composti solo da rime interne. La sua voce è rilassata, non urla come i suoi predecessori, preferisce rappare stando seduto e il suo suono è un nastro di velluto nero che si srotola lentamente. *Paid in Full*, la canzone che dà il titolo all'album, è fatta con due soli campionamenti (un break che va avanti per tutto il pezzo e un giro di basso), nessun ritornello, ha un'unica strofa, finita la quale c'è soltanto scratch per due minuti, ma il successo è istantaneo. Il testo è la semplice e lineare descrizione di cosa spinga Rakim a rappare, ovvero fare soldi, ma con la volontà di realizzarli in maniera onesta, mettendo a frutto il proprio talento per poter provare anche il piacere di guadagnarli, invece di alienarsi in un lavoro dipendente. Rakim ci tiene a mostrare la propria cultura nelle rime, è un valore che vuole incoraggiare gli altri a esaltare e diventa così il modello da cui grandi mc trarranno ispirazione, artisti come Tupak Shakur, che lo definirà *"The God mc"*, e Nas, che gli dedicherà un'intera canzone, la sua biografia non autorizzata. Anche l'estetica con cui Eric B. & Rakim si presentano ha molti elementi di novità: oltre a imbarazzanti quantità d'oro, sfoggiano gli abiti che realizza per loro Dapper Dan, un eclettico fashion designer di Harlem che usa i falsi fogli di pelle marcata Louis Vuitton, Fendi e Gucci da lui stesso stampati; diventeranno un classico i suoi bomber con applicati scritte e motivi intarsiati, realizzati con pellami di diversi colori e marchi differenti e personalizzati col nome o i loghi degli artisti. In tanti si affideranno al suo styling, da LL Cool J a Mike Tyson. Sarà proprio Tyson che, indossando un suo giubbotto durante una rissa, porterà all'attenzione di Fendi l'impresa di Dapper Dan e la causa che gli verrà intentata lo porterà alla chiusura nel 1992. Tuttavia, nel 2017, il direttore creativo di Gucci copierà un suo design e Dapper Dan si prenderà la sua rivincita: sarà il titolare della prima boutique Gucci ad Harlem.

Paid in Full avrà successo in Europa grazie a un remix dei Coldcut, un gruppo inglese di dj diventati musicisti, pionieri di un nuovo approccio creativo basato sul campionatore: se all'originale bastavano due campionamenti, il remix ne contiene venticinque, compresi quaranta secondi di una cantante israelo-yemenita e la voce di Humphrey Bogart tratta da *Il grande sonno*. Lo stile dei Coldcut avrà a sua volta una grande influenza, e in quello stesso 1987 uscirà un pezzo costruito mettendo insieme oltre quaranta campionamenti rari ed eclettici che prenderà il titolo proprio da una frase di Rakim e girerà a lungo sui piatti di tutto il mondo: *Pump Up the Volume!*

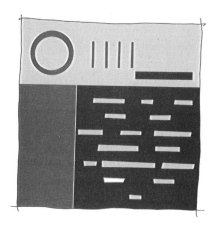

27

A settembre riprende la scuola e vengo ammesso al quinto anno, mentre in televisione riparte "DeeJay Television" con una novità: Jovanotti, il nuovo conduttore col cappellino Boy. È un lungo rapper dalla risata facile che con cadenza quotidiana propone tutti i video del momento, con interviste e schede informative; certo la visione dell'hip hop che Jovanotti offre è parziale e edulcorata, orientata quasi esclusivamente agli aspetti party. Adotta un'estetica simile a quella dei Beastie Boys, ma senza i relativi eccessi, tanto che persino lo stemma della Mercedes che indossa sul chiodo di pelle non sembra possibile che l'abbia fregato lui. Eppure, anche se in una versione formato Italia 1, l'hip hop attecchisce e fa proseliti: nel corso degli anni successivi, per esempio, inizierò a notare un ragazzino sempre in prima fila durante le apparizioni di Jovanotti in tv e ai suoi concerti, immancabile come il suo cappellino, e una volta, al "Maurizio Costanzo Show", gli faranno anche un paio di domande. Quel ragazzino, David, lo conoscerò parecchi anni più tardi, con lo pseudonimo di Primo Brown dei Cor Veleno, e sarà per sempre uno dei migliori mc della storia dell'hip hop.

Jovanotti, che per alcuni sarà *Iovanotti* e per altri rimarrà per sempre *Giovannotti*, con il suo stile da bravo ragazzo che parla ad alta voce e che al massimo della trasgressione infuoca il pubblico con: «Uno, due, tre... Casino!», ha il grande merito di aver compiuto la prima opera di evangelizzazione sull'hip hop fino a quel momento realizzata in Italia.

A noi, a Castello, una bella mano a esplorare l'hip hop la dà anche Dario, il papà di Lorenzo, che gli (ma in realtà ci) regala due giradischi Technics SL-1200 e un mixer: i Technics sono lo standard per tutti i dj, all'accensione impiegano un quarto di giro per raggiungere la velocità e si fermano istantaneamente, sono nati per lo scratch e hanno un cursore marcato +/− 8, che permette di modificare la velocità di alcuni punti percentuali. Chiaramente le nostre cassette continueranno a far cagare, ma avranno un sound molto, molto più professionale. Lorenzo compra anche un Casio SK-5, piccolo campionatore con 2 secondi di memoria, che è poco più di un giocattolo: abbiamo la stessa intuizione di Marley Marl e campioniamo i dischi accelerati per risparmiare memoria. Ma 2 secondi sono comunque pochi e con quella tastierina faremo poco più che giocarci, come col resto della musica.

A scuola va un po' meglio, ma ci sono alcune materie che trascuro totalmente, come lo studio della *Divina Commedia*, di cui non leggo un singolo verso per tutto l'anno: il professor Bacci è un insegnante bravo, ma terribilmente stanco, che non vede l'ora di andare in pensione. La sua oratoria è purtroppo fiacca, in armonia con la costituzione di anziano insegnante di lettere. Spiega in piedi davanti alla cattedra col libro in mano e, quando stacca gli occhi dalla pagina, inizia a guardare in direzione dell'angolo in alto a destra e a spiegare monotono a quello spicchio di soffitto; chiaramente noi sotto si fa un gran casino e lui, senza scomporsi, sempre rivolto ai muri, prende a dire lamentoso e sarcastico: «E tanto loro fanno casino... E d'altronde saranno tutti promossi, no...? E quando dovranno trovare un lavoro... Che faranno...?», buttando ettolitri di benzina sul fuoco e istigandoci a veri e propri baccanali.

L'altra materia che affronto male è filosofia, anche se l'insegnante non se lo merita; Raffaele Rizzo è un sanguigno viveur sulla cinquantina, un viso segnato e punteggiato di barba, occhi brillanti che sembrano gioielli persi tra le pieghe di un cuscino bistrattato. Nonostante assomigli a un personaggio di Piero della Francesca, spesso nei weekend si fionda al Casinò di Venezia, dove è un habitué del tavolo della roulette, e qui vince, perde e si diverte, tra amici, cene di lusso, grandi vini. Il lunedì lo troviamo appoggiato a una colonna dell'atrio, barba di due giorni e occhiali scuri, con l'espressione di chi è infastidito dai rumori forti e dalle persone: nonostante la pesante cadenza toscana, è chiaro a tutti che sia lui il terzo *Blues Brother*. Com'è immaginabile, le lezioni del lunedì sono le migliori, il Rizzo non spiega Kant, Hegel o Schopenhauer, ma illustra i princìpi delle loro filosofie intrecciate agli eventi del periodo storico in cui nascono, trasponendole poi nell'odierno, così che Reagan, Craxi o un caso di cronaca fungano da esempi su cui costruire una descrizione iperbolica. Le sue lezioni sono dei veri blues, flussi di frasi che raccontano una storia, disseminate di impennate del volume e pause drammatiche. In classe mi appassiono, ma a casa la materia non la studio, mi appiccico in testa i quattro appunti che ho preso e non calcolo che al Rizzo con la parlantina non lo fotti. Peraltro dimostro subito quanto la maggiore età mi abbia reso adulto e coscienzioso, iniziando a firmare di mio pugno le giustificazioni per le assenze che faccio saltuariamente, all'insaputa dei miei, concedendomi intense matinée con gli amici. Una di quelle mattine il Poli arriva a scuola col Maggiolone decappottabile e propone a me, Lorenzo e il Cozzolino, l'amico musicista, di andare a fare colazione a San Marino: entusiasti per l'idea del seppur temporaneo espatrio, al secondo tornante della salita verso la Rocca di San Leo il Maggiolone scoda sull'asfalto viscido e caramboliamo contro il guardrail, piegando il mozzo della ruota posteriore destra di una quindicina di gradi buoni. Il rientro a passo d'uomo su quella macchina scassata e traballante, pur avendo il sapore amaro di una ritirata dopo una battaglia persa, ricorda più una comitiva di clown in libera uscita che fa lo struscio per quasi cento chilometri.

Il giorno dei colloqui con i genitori, il Rizzo mi prende in disparte e mi dice: «Guarda che se devo riferire alla tu' mamma il tuo andamento nella mi' materia, le dovrei dire che sei parecchio insufficiente, ma lei povera donna ne avrebbe un colpo e non se lo merita. Se tu sei d'accordo, io le dico che tu vai discretamente, ma che ti devi impegnare parecchio di più e poi fai quello che ti chiedo: lo faccio per lei, bada».

Poi mi consegna un libro e continua: «La prossima settimana iniziamo Marx: voglio che la lezione introduttiva la faccia tu». Così il lunedì successivo mi chiama in cattedra, lui si siede al mio posto e mi fa parlare, ogni tanto interrompendo, integrando, chiedendo pareri agli altri e io me la cavo abbastanza. Dopo un mesetto stessa storia, questa volta con Nietzsche, e anche la seconda lezione va bene. Il Rizzo è soddisfatto. Quando suona la campanella, prima di uscire mi porge un terzo libro, dicendomi: «Su questo non ci devi fare una lezione, è solo per te, perché se vuoi fare un gioco è giusto che ti documenti sulle regole». È una copia de L'anarchia, di George Woodcock.

Il resto delle materie me le porto via abbastanza bene e quando arrivo alla maturità mi rendo conto che l'unica vera lacuna ce l'ho su quel Paradiso di Dante che ho più bestemmiato che studiato: Germana prima mi fa il culo, poi un seminario di due settimane sui trentatré canti, martellandomi di troni e arcangeli fino a farmi sanguinare il naso. Il giorno degli orali mi sembra di salire su un patibolo mentre mi accosto al tavolo degli esaminatori, dietro il quale c'è solo Marinella Acquisti a farmi respirare l'aria di casa; il primo a interrogarmi è quello di italiano e la prima domanda è proprio su Dante: «Parlami della *Divina Commedia*».

Ho capito bene? Non è una domanda specifica sul *Paradiso*, ma un'analisi complessiva dell'opera, una domanda che è quasi un tema libero. Alzo lo sguardo e vedo, sospeso alle spalle della commissione, l'ologramma della professoressa Quarantotto del liceo di Caserta che mi sorride benedicente, e io attacco: «Non possiamo parlare della *Divina Commedia*, né di Dante stesso, senza partire dai primi tre versi del primo Canto, *Nel mezzo del cammin...*», e ripeto paro paro l'ultima interrogazione di terza liceo, comprese le digressioni su *Convivio*, *Vita nova* e *De vulgari eloquentia*. Sembro uno di quei fenomeni di "Tele-Mike", Marinella Acquisti è quasi commossa. Quando è il momento dell'interrogazione di inglese sono talmente pieno di me che sbruffoneggio temerario, accennando alla *"Shelley's Fenost theory"* (la teoria del Fenosto di Shelley), dove il "fenosto" è una parola da supercazzola inventata dal Poli: sono fortunato, perché l'esaminatore evidentemente condivide la medesima teoria del poeta romantico e quindi tutta la commissione mi batte il cinque. Anzi, il cinquantacinque, per la precisione.

L'estate dell'88 è semplicemente magica e inizia con me e Lorenzo in direzione Torino per il concerto dei Pink Floyd; ci dà un passaggio un cugino di Lorenzo che abita a Volpiano e deve giusto tornare a casa: perfetto! Peccato che sia luglio e il cugino abbia un'auto in rodaggio che non vuole lanciare oltre i novanta all'ora, senza aria condizionata: un barbecue a rotelle. Nell'attesa dei Pink Floyd, qui i maiali già volano alti. Concerto memorabile, quasi quanto il viaggio, ma è solo l'inizio.

Lorenzo, il Poli e io decidiamo di girarci l'Europa, improvvisando totalmente. Hobbisti allo sbaraglio, partiamo con qualche soldo in tasca e una macchina presa in prestito dall'autosalone del papà di Lorenzo, facendo tutto quello che in questi viaggi è necessario fare. Dormiamo in macchina, scampiamo ad alcuni tagliagole di notte a Montmartre, ci nutriamo solo di cicciolone colle patate (anni dopo impareremo a chiamarlo "kebab"), piantiamo la tenda su una duna sabbiosa in Olanda dove ci sveglia la polizia, perché sono le dieci e siamo al centro di una spiaggia con mille famiglie, bambini, ombrelloni e manca solo Benny Hill... Cose così, non troppo trasgressivi, sicuramente non autolesionisti.

Al ritorno dal viaggio schizzo a Umbertide, a metà strada tra Castello e Perugia, perché al festival Rockin' Umbria arriva Afrika Bambaataa, in tour con il nuovo singolo *Reckless*, e ci vado correndo sui gomiti. Al pomeriggio è previsto un incontro in cui parlerà della Zulu Nation e mi sembra incredibile che tutto questo succeda a soli venti chilometri da casa mia: l'Umbria ora mi piace parecchio.

Arrivato all'Hotel Rio, trovo la sala conferenze piena di ragazzi tra i quindici e i trent'anni, tutti lì per lo stesso mio motivo; arrivano da ogni parte d'Italia e sono b-boy *veri*, hanno *quei* vestiti, *quei* cappelli, *quella* attitudine. Uno di loro è un writer e sbircio il suo book mentre lo mostra, il bravissimo Zero-T da Poggibonsi, cha ha uno stile fresco e immediato, disegna i puppet (i personaggi in stile fumettistico) con una grazia unica e mi mostra le prime foto di treni dipinti in Italia che abbia mai visto, panoramiche costruite con più scatti montati insieme col nastro adesivo, a fisarmonica. È anche un breaker di livello, ma sarà un torinese smilzo con un cappello Kangol davvero commovente a prendere la scena e a chiarire ai presenti di essere il migliore, NextOne, per tutti Maurizietto, campione del mondo 1985 di breakin', che vola sulla schiena come uno scherzo e, quando si blocca all'improvviso, sembra uno di quegli uccellini che per un gioco di baricentro restano in equilibrio sul becco.

Poi arriva Afrika Bambaataa, enorme, sul naso indossa un parabrezza scuro con le stanghette (sono convinto che Elton John consideri la collezione di occhiali di Bambaataa un po' pacchiana); lo accompagnano due uomini che avranno un grande impatto sulla mia vita, apparentemente antitetici, uno alto e magro, l'altro basso e tarchiato: Luca De Gennaro e Ice One. De Gennaro, detto Cifra, è un giornalista musicale e dj di Radio Rai, grande conoscitore di musica, in particolare black e rock; solo più avanti scoprirò che anni prima ha anche registrato il rap *Capita*, sotto lo pseudonimo di Dj Look, insieme al collega e amico Fabrizio Frizzi e a suo fratello Fabio. Ice One, ovvero Sebastiano Ruocco, è di Ostia ed è un king, writer e ballerino della primissima ora (la mamma lo aveva accompagnato a visitare la mostra di Fab 5 Freddy e Lee alla galleria La Medusa nel 1979) e poi dj fin dai quindici anni, rapper e soprattutto beatmaker, autore di basi potentissime: nel video di *Quelli che benpensano*, Ice One è seduto sul sedile posteriore nei ritornelli.

Durante l'incontro, Bambaataa racconta la storia della Universal Zulu Nation e della sua gang, i Black Spades, di cui indossa il giubbotto nel video di *Reckless*. Il singolo appena uscito, fatto insieme agli UB-40, mi fa cagarissimo: sarà tuttavia il maggior successo di Bambaataa in Italia e imperverserà a lungo, spesso richiesto ai dj come *il pezzo degli africabambata*.

Alla sera poi il concerto, in una piazza gremita di pubblico, in cui la rappresentanza di b-boy è nutrita, ma in netta minoranza, essendo un evento a ingresso libero che attira anche molti curiosi. Il palco straborda di strumenti, ma Maurizietto lo spazio per ballare lo trova, si sentono decine di influenze, dal rock al latino, con sezioni electro devastanti e una strana cover di *Owner of a Lonely Heart* degli Yes: ma la cosa più importante è che ho scoperto che esistono un sacco di b-boy eccezionali e io non sono più *solo*.

Le vacanze volgono al termine e ora che ho finito il liceo è il momento per me di scegliere un percorso universitario, ma ho qualche perplessità; mi piacerebbe il DAMS di Bologna, lo sento vicino alle mie passioni e ai miei interessi, ma Giovanni dissente e, visto che parla, è meglio cogliere l'occasione e ascoltarlo. Papà è un esperto di *lavoro*, lo gestisce da sempre, da dirigente ha curato mille colloqui per assumere personale ed è costantemente attento a intercettare i trend del mercato: molti miei amici, nel corso degli anni, lo hanno interpellato per avere un consiglio su come valutare una proposta, ritenendo il suo parere vincolante, perché *se lo dice l'Ingegnere* tocca dargli retta.

Con me l'Ingegnere è lapidario: Economia e commercio. Ouch! Questa è dura, vecchio. Il suo ragionamento è ineccepibile: in quel momento è la facoltà verso la quale arrivano più richieste, specialmente da un'industria sempre più avvinghiata alla finanza, oltre a essere il corso di studi che offre una maggiore modularità di applicazione, per adattarsi a operare in ambiti atipici. Anche se non fa una grinza, per me è un boccone parecchio amaro da deglutire, non mi vedo a operare in borsa o, che so, commercialista.

Poi, all'improvviso, l'Ingegnere ha un guizzo di genio.

«Se t'iscrivi tu, m'iscrivo anch'io» dice, «ché una seconda laurea la prendo volentieri.»

Ok, è una candid camera. Poi per un attimo provo a figurarmi la scena, ma il film che ne ricavo è peggio di quello che resta sul pavimento al montaggio di un cinepanettone: «Papà, in che senso?» replico tremulo. Come "in che senso"? Ma proprio in quello, nell'unico possibile. Tuttavia, vuoi per l'unicità della sfida, vuoi per il pragmatismo con cui m'ha suggerito l'indirizzo, accetto la proposta e la settimana dopo Giovanni e io siamo due matricole. Gli impegni di lavoro chiaramente gli impediranno di seguire le lezioni ma, per una macchina da apprendimento come papà, preparare gli esami sarà un hobby. Solo per lui.

28

Questo 1988 è un anno davvero fondamentale, perché in estate esce l'album che imprimerà una direzione precisa alla mia idea di rap, dimostrando come esso sia un ottimo strumento per veicolare concetti politici e sociali complessi attraverso immagini semplici e dirette: *It Takes a Nation of Millions to Hold Us Back* dei Public Enemy.

Duo di mc con alle spalle una corposa e variegata community di supporto, i PE nascono dall'idea di Chuck D, dj presso una college radio newyorchese da cui trasmette quasi esclusivamente cassette, e di un suo collaboratore, Flavor Flav, b-boy e giullare incontenibile, che improvvisa continuamente per ore, mettendo in rima le storie più assurde e ridicole. Chuck D, insieme al fonico "antimusicista" Hank Shocklee, realizza basi e registrazioni su cassetta per qualsiasi mc della zona, per poi trasmetterle in radio come se fossero dei dischi. Ha una solida formazione culturale e radici etiche profonde, studia, conosce e frequenta le Black Panthers, i suoi riferimenti sono i grandi protagonisti delle rivolte civili, Martin Luther King, Malcolm X e anche Louis Farrakhan, il controverso leader della Nation of Islam, la più potente organizzazione islamica degli Stati Uniti. L'attenzione di Chuck D è tutta sul messaggio e pubblicare dischi non gli interessa, neanche quelli dei ragazzi che registra.

Attraverso la trasmissione di Chuck D e Flavor Flav, Rick Rubin sente *Public Enemy #1* (pezzo che chiaramente esiste solo su cassetta) e li convince a registrare un album per la Def Jam. Purtroppo alcuni problemi della casa discografica ritardano l'uscita di *Yo! Bum Rush the Show*, primo album dei Public Enemy (1987) e Chuck D ed Hank Shocklee (cui si è unito il musicista Eric Sadler, a costituire The Bomb Squad) nell'attesa dell'uscita iniziano a sperimentare nuove sonorità, sentono già troppo datate quelle del disco non ancora distribuito e si mettono al lavoro per registrarne uno nuovo; l'approccio si basa su un sound noise, pieno di campionamenti aggressivi che saturano tutto lo spettro sonoro e che solo la mano di Shocklee riesce a tenere insieme alle voci di Chuck D e Flavor Flav, il primo dal timbro basso e potente, il secondo alto e molesto: è il contrario delle atmosfere asciutte ed essenziali dei Run-DMC, un concentrato denso di suoni dalle provenienze più disparate che sostengono testi in cui si affermano cose mai sentite su un disco. I temi sono quelli delle lotte civili afroamericane, il razzismo della polizia, la televisione come strumento di controllo, l'uso che il potere fa delle droghe per gestire le masse; quest'ultimo tema è molto sentito da quando, pochi anni prima, il crack ha invaso le strade di New York e sta facendo precipitare nuovamente i ragazzi in quella spirale distruttiva da cui l'hip hop stava riuscendo a salvarli. Tutti temi già affrontati, ma mai in modo così diretto, descrivendo con un linguaggio esplicito di grande effetto per esempio l'escalation che porta un obiettore al servizio militare a essere incarcerato e a trasformarsi naturalmente in un nemico pubblico, arrivando a rubare una pistola a una guardia e guidare una rivolta carceraria fino all'evasione di cinquantatré detenuti. Nel singolo *Bring the Noise* parlano apertamente della guerra verso cui il sistema sta spingendo i fratelli e le sorelle neri di tutta la nazione, della fame di giustizia che sta crescendo e di come la polizia reprima la voce dei dissidenti: un vero manifesto politico, con una confezione di grande appeal. Durante le loro esibizioni dal vivo sono accompagnati dal dj Terminator X (una montagna d'uomo che non parla mai, perché *"Terminator X speaks with his hands"*) e dalla Security of the First World (S1W), un gruppo di ballerini/bodyguard che si muove come un drappello di paramilitari, capeggiato da Professor Griff, il più esaltato della partita, che si presenta come ministro dell'Informazione. Con mimetica e mitraglietta, la S1W pattuglia il palcoscenico, animando con coreografie molto marziali i pezzi che Chuck D e Flavor Flav fanno esplodere, saltando ovunque.

La prima volta che ascolto *It Takes a Nation of Millions to Hold Us Back*, l'album in cui è contenuta *Bring the Noise*, mi ritrovo a fare finte mosse di kung fu come un pazzo, da solo nella mia stanza, ed è per me un'esperienza catartica, liberatoria. *Rebel Without a Pause*, ribelle senza pausa, proprio come questo disco, che è riempito di musica, interludi parlati, pezzi di concerti live, televisione: non c'è alcun stacco tra le canzoni, come in un programma radiofonico, e le due facciate del vinile hanno la stessa identica durata, come nelle cassette. La busta interna contiene inoltre tutti i testi delle canzoni, cosa abbastanza rara in un disco rap e che apprezzo molto, visto che il mio inglese non è ancora fluido e per stare appresso a Chuck D ci vuole il navigatore. Quando la motivazione a scrivere diventerà per me urgenza, sarà la sua straordinaria sintesi a indirizzarmi e ispirarmi, con la formula che riassume perfettamente la sua idea di comunicazione: il rap è la CNN del ghetto.

E non passa neanche troppo tempo che mi viene ribadito di persona, perché, se il disco esce il 28 giugno 1988, il 30 ottobre i Public Enemy sono già in concerto a Cesena, di supporto ai Run-DMC! Che annata pazzesca. Cesena dista un centinaio di chilometri da Castello e la superstrada E45 stanno finendo di costruirla (a dirla tutta stanno *anco-*

ra finendo di costruirla e a 'sto punto credo che si siano affezionati al cantiere e non vogliano più smettere); la strada è tortuosa, pieno appennino tosco-emiliano, il pattern è *tornante-tornante-paesino* oppure *tornante-tornante-cinghiale*, alternati a piacimento: solo il Poli può affrontare con sicurezza il percorso e lo precetto seduta stante.

Arriviamo al piccolo palasport di Cesena e lo troviamo gremito di b-boy, non semplici passanti raccolti in una piazza estiva per un concerto gratuito, ma centinaia di ragazzi che hanno pagato un biglietto per riunirsi, catalizzati dalla stessa energia. Visto che sarà una serata bella calda, scelgo di indossare un cappello di montone e dopo mezz'ora mi sembra di avere seduto sulla testa pure il pastore: è qui che in mezzo al pubblico conosco Led, Luca Miniati di Firenze, scattosissimo ballerino di boogie, pop, lock, uprock e break, che si muove come un automa elettrico e sorride, sorride sempre, a tutti (ventun anni dopo, nel 2009, sarà nel video ufficiale di *Sucker MC's* dei Run-DMC), e Renzo Cognini, The Teacher o T.Cha59 o come diavolo si faceva chiamare allora, che per me è sempre stato Renzo di Ancona, il più *anziano* dell'intero palazzetto; cultore di hip hop, è da subito un collezionista, appassionato di musica e di quello che Grandmaster Caz considera il quinto elemento dell'hip hop: lo stile. Renzo sarà un pioniere dello streetwear in Italia, collaborando con marchi internazionali, e agirà da sponsor generoso, con interventi preziosi per la crescita della scena.

Ad aprire sul palco è Derek B, che è il primo rapper inglese ad avere successo con *Bullet From a Gun*, il suo unico album; sicuramente più bravo sui piatti che col microfono, la sua mezz'oretta scorre veloce e finalmente arriva la prima pietanza: Public Enemy. Dal vivo sono cento volte più energizzanti che su disco, con il dj Terminator X su una console soprelevata, Flavor Flav con occhialoni da clown, i denti rivestiti d'oro e una sveglia al collo che salta da una parte all'altra del palco urlando ogni tre passi: "*Yeeeeaaaahh, boo-oooooyy*", mentre Chuck D prende a schiaffoni tutto il pubblico per un'ora buona. Intorno a loro la S1W, che sembra la parodia di un esercito golpista centrafricano, con tutte quelle mitragliette UZI fatte girare intorno al dito (la mossa che si faceva con le pistole giocattolo da bambini, quando si voleva fare i gradassi), quelle marcette nervose, quelle giravolte sul posto, eseguite da uomini mastodontici in anfibi lucidi e mimetica grigia. E quel tizio col basco rosso che li telecomanda, Professor Griff, si vede proprio che lui ci crede veramente.

Dopo il cambio di palco arrivano i Run-DMC, con una console posizionata su una torre ancora più alta rispetto a quella dei Public Enemy e in cima Jam Master Jay, one-man-band per i suoi mc, che da soli riempiono il palazzetto; hanno all'attivo tre album pieni di successi e il pubblico canta a squarciagola, mentre sparsi qua e là si sono formati alcuni *cypher*, cerchi di ragazzi al cui interno si sfidano i breaker: siamo alla festa più bella del mondo.

Finito il concerto, mentre il pubblico defluisce, Jam Master Jay torna sul palco a recuperare qualcosa, io gli urlo: «*Nice chain, Jay!*», alludendo al collanone con appesa l'Adidas Superstar d'oro e brillanti. Lui si ferma e risponde: «*It's nothing*». Poi se la sfila e la getta davanti a sé, sul palco: mezzo chilo di *rope chain* d'oro che impatta sulle assi fa lo stesso suono di un sacchetto di bulloni di pari peso, ma è molto più *fresh*. Poi s'avvicina, la raccoglie e, mentre la tiene sollevata davanti a sé, conclude: «*It's just fucking gold*», e se la rimette al collo, sparendo dietro le quinte. È il primo scambio che ho con una star e sono felice che sia stato proprio con Jam Master Jay, uno degli architetti del sound che mi sta gioiosamente cambiando la vita.

La festa prosegue al Vidia, un live club di Cesena in cui transita il meglio della musica internazionale. I Run-DMC si mangiano la pastasciutta seduti a un tavolo, mentre nel resto del locale ci sono solo b-boy e b-girl; dallo zaino di qualcuno esce una copia di *Subway Art*, il libro fotografico di Martha Cooper ed Henry Chalfant considerato la bibbia del writing. Mentre lo sfoglio (lo desidererò per qualche anno prima di averne una copia), un altro mi dice: «Non conoscerai nemmeno questo, allora», e mi mostra *Spraycan Art* con una rassegna di writer di tutto il mondo, compreso il francese Mode 2, che sembra usare le bombolette come pennelli. Intorno a me trovo persone che hanno il piacere di condividere le cose che sanno, di divulgare i libri *giusti* e la musica *giusta*, di trasmettere il *knowledge*, la conoscenza necessaria per mantenere sempre pulito il canale che unisce l'hip hop alle proprie radici.

Purtroppo, nel clou della festa, dobbiamo ripartire, perché è domenica e domattina il Poli deve andare a Firenze a lezione, dove studia per diventare architetto; inoltre pioviggina e l'esperienza ci insegna che acqua, tornanti e Poli sono tre ingredienti da non miscelare mai. A malincuore ci rimettiamo in macchina e torniamo a Castello, con lo stereo che pompa e una pecora rovesciata sulla testa: *Yeeeeaaahh booooooyy!*

29

Per il Natale 1988 non andiamo in Sicilia. Certo festeggiare da soli noi tre, quando l'abitudine è di ritrovarsi in quaranta a casa di zia Ninni a scambiarsi regali per ore, commentandoli tutti con rime e buffonate e poi mangiare un intero banchetto... insomma, non è la stessa cosa.

Il 27 pomeriggio papà è sul solito divano a guardare la tv, quando avverte una fitta al braccio sinistro e un dolore che si irradia al petto: allarme rosso! Viene ricoverato subito all'ospedale di Castello, una struttura del Settecento con un'infilata di cameroni dai soffitti altissimi e i letti tutti divisi da séparé; Giovanni è spaventato, ma non vuole darlo a vedere e scherza, ci sfotte vantandosi che a Capodanno avrà un cenone migliore del nostro e un intero harem d'infermiere a danzare per lui. Questo infarto è il terremoto che gli mette veramente paura, che scuote le certezze su cui ha costruito tutto e con cui sostiene se stesso e noi. Siamo intervenuti in tempo e l'episodio non ha conseguenze, ma è necessaria un'operazione di bypass coronarico. Il professor Bartoccioni di Città di Castello, luminare mondiale della cardiochirurgia e uomo sublime, lo opererà appena possibile al Policlinico Gemelli di Roma. La notte di Capodanno 1989 papà ci scrive una lettera tenerissima, in cui ci augura un "decoroso star bene", ma senza voler strafare, è dispiaciuto per noi, che siamo a casa "soli come turaccioli" mentre lui, da una camerata deserta di due secoli prima, ci saluta leggero: "Forse sono solo, ma non mi sento affatto solo".

Passano quasi tre mesi prima dell'intervento e li viviamo immersi in una *normalità* preoccupata e impacciatissima, ma si tiene duro. Io una parte della settimana la passo a Perugia, dove mi divido tra un appartamento con amici ex studenti del Borgo e casa della mia ragazza e compagna di facoltà. Ogni giorno frequento le lezioni, prendo appunti, mi distraggo, esco, compro dischi, fumetti, libri, cazzate, parecchie cazzate, poi torno a casa nel weekend.

Finalmente arriva il giorno dell'operazione e lasciamo papà nelle mani di Sandro Bartoccioni, il primo al mondo a praticare bypass coronarici senza fermare il cuore: il mago Silvan. L'intervento si svolge correttamente e papà esce dalla sala operatoria un po' intontito: dopo tutte quelle ore sotto anestesia è normale. La notte la passa in rianimazione e secondo la prassi noi non possiamo stare con lui.

Ma al risveglio una brutta sorpresa coglie Giovanni alla sprovvista: una emiparesi al lato destro gli impedisce di parlare e di muovere la mano. La parola scritta e pronunciata, accidenti. Durante la notte un infermiere leggero aveva interpretato quel suo farfugliare come una sorta di borbottio nel sonno, mentre papà era sveglio e terrorizzato. Siamo tutti e tre atterriti. Non appena papà prova a scrivere si rende conto di dover prima provare a prendere in mano la penna; Giovanni ha sempre avuto un talento per la grafica, faceva "disegnini" esilaranti, che costellavano i fogli di appunti e le sue agende, in cui passava dallo stile fumettistico a quello classico, uno Jacovitti isterico che inventava la proiezione ortogonale di un capitello corinzio raccordato con una cornacchia: sul mio libro di tavole artistiche delle medie c'erano addirittura tre disegni suoi, perché l'autore (Mario Kirchmayr, suo professore) glieli aveva commissionati sottobanco. Ed è questo il momento in cui Giovanni s'incazza. Frustrato, piange. Poi afferra la penna con la sinistra, se la posiziona tra le dita dell'altra mano e inizia a firmare il foglio, lavorando di spalla: sembra la trascrizione in alfabeto morse del suo nome, ma è solo la prima di una lunga serie di prove, in cui l'unico aiuto che ci chiederà sarà la pazienza per la sua ostinazione, per la sua muta dedizione a ritornare *come prima*. Parla con difficoltà, beve appoggiando il bicchiere solo da un lato della bocca per non sbrodolarsi, la forchetta deve bilanciarla bene. Per un uomo pudico come lui è come trovarsi improvvisamente nudo, con le proprie debolezze in bella mostra, a spasso sul bordo di un crepaccio.

PEDONE   TORRE   RE   CAVALLO   REGINA   ALFIERE

30

Mio padre è un Titano. La sua forza di volontà è leggenda-
ria, in famiglia si racconta di come da bambino, in quella
Torino straziata dai bombardamenti, si portasse i libri nel
rifugio antiaereo per continuare a studiare. È grazie a quella tenacia che è sempre riuscito a trasformare in successi le
imprese in cui si è cimentato.

Durante l'estate '89, i pomeriggi li passiamo seduti a un
tavolino nel giardino della nostra casa di Giacalone, all'ombra di una grande palma, io con davanti i libri di Economia politica e Giovanni con una risma di carta e una penna:
io leggo il testo del libro ad alta voce, lui si esercita a fare
la propria firma per centinaia, migliaia di volte. Se potes-
si, prenderei tutti quegli esercizi e li metterei in sequenza,
come fotogrammi di un'animazione, e partendo dal primo
li guarderei evolvere, da principio simili a vermetti che si
contorcono sofferenti nella calura estiva, poi magicamen-
te uniti in un'unica creatura filiforme, che prende a danzare sinuosa, sempre più calma, sempre più stabile, sempre più *firma*.

Quando Giovanni non si esercita gioca a scopa con suo
fratello Vito (è sempre lui a segnare i punti) o dipinge qua-

dretti metafisici; impiegherà un anno intero per riprendere a scrivere con una grafia intellegibile (scherzando diceva che, se non fosse migliorato, si sarebbe iscritto a Medicina) e, dopo due anni di applicazione costante, tornerà ad avere più del 90 per cento delle proprie capacità grafiche, quel testardo dell'Ingegnere.

Per la prima volta faccio l'esperienza di studiare insieme a lui, impariamo qualcosa di nuovo entrambi ed è uno spasso osservare da vicino l'applicazione del suo metodo di studio, che consiste nello schematizzare un argomento complesso con un esempio semplice, che includa elementi buffi e paradossali che aiutino comprensione e memoria; così *il mercato* è sempre e solo quello della Vucciria di Palermo, gli *operatori economici* ruotano tra nonna Mariulì, zia Ninni e zia Lina di Monreale, e per spiegare *l'utilità marginale* abbiamo Ninì Giordano che fatica a convincere l'economista Keynes ad acquistare il centesimo canguro impagliato.

Il metodo funziona, ci iscriviamo alla sessione di ottobre e il giorno dell'esame siamo seduti uno accanto all'altro nell'aula del professor Calzoni, preside di facoltà e futuro Magnifico rettore dell'ateneo perugino, uomo piccolo e tarchiato, con la testa leggermente incassata nel busto a farne un idolo Maya. Le sue lezioni sono da manuale, ha una pazienza che si respira di rado in queste aule e, nonostante sia un pezzo grosso, è una persona schiva, che ama mantenere un profilo bassissimo. Tutti i giorni arriva in facoltà a cavallo di una buffa motoretta squadrata, che sembra il corrispettivo a due ruote della Citröen Méhari, con indosso un lungo loden color verde loden e un casco a scodella senza visiera calcato sulla fronte, che fa terminare la sua testa in una grande ogiva e lo fa sembrare uno dei Banana Splits. Oggi no, sembra un professore serissimo e in quel banco Giovanni e io siamo tesi, perché Economia politica 1 è un fondamentale e – nonostante si sia preparati – sappiamo di avere di fronte un esaminatore molto esigente. Giovanni parla male stamattina, gli succede tutte le volte che è nervoso, fa saltellare il ginocchio sinistro per scaricare la tensione, e quando incrocio i suoi occhi sorride, ma poi distoglie lo sguardo. Viene il suo turno, prima di me, che resto seduto al banco; Calzoni lo guarda incuriosito, non riconosce in lui nessun dipendente di copisteria, che normalmente frequentano le sessioni d'esame per stilare un elenco delle domande fatte e poi venderne le fotocopie agli studenti, così Giovanni spende i primi cinque minuti a riassumere il proprio percorso a un professore già rapito dal personaggio. Quindi inizia l'esame vero e proprio, papà s'è tranquillizzato con la chiacchiera iniziale e parte liscio e spedito; poi, sul finire dell'interrogazione, il professore gli fa una domanda sottile, un po' tagliente, forse per una eventuale lode, ma Giovanni esita, questa cosa non se la ricorda. Vacilla, si spiana i capelli col palmo della mano, ripete la domanda lentamente e continua a non ricordare; vedo mio padre rimpicciolire su quella sedia, ritornare il bambino che era, ma senza nessun libro a proteggerlo da questa bomba. Vorrei aiutarlo, dargli un suggerimento, ma lui non si gira a guardarmi e io mi trovo impotente di fronte alla sua impotenza; poi alza la testa e scandisce piano la risposta (probabilmente guidato dall'immagine di una zia che baratta meloni per attaccapanni), Calzoni sorride e, aprendogli il libretto, annuncia: «Trenta. E lode. Ci vediamo a Economia 2».

Papà stringe quel libretto tra le dita come un trofeo e quando si volta per tornare al suo posto è raggiante e trema emozionato; bene, il peggio è passato e per me l'esame è una passeggiata di salute: comunque prendo 27 e qui se voglio superare il maestro o m'impegno o cambio sport.

Durante il rientro a Castello in macchina, metto su una cassetta di rap, con uno stile molto diverso da quello che si è ascoltato finora, anche perché l'hip hop nel frattempo ha figliato e i fratelli che sono nati si assomigliano pochissimo. Non c'è un momento preciso in cui questo accade, ma sicuramente c'è una persona che nel 1987 e nel 1988 ha contribuito a creare gli embrioni da cui sono scaturiti due filoni fondamentali dell'hip hop, il conscious rap e il gangsta rap.

I Boogie Down Productions sono un duo del Bronx curiosamente assortito, composto da KRS-One, rapper, homeless per scelta, con un grande interesse per la filosofia, la meditazione e il mondo spirituale, e DJ Scott La Rock, che di notte fa il dj nei locali e di giorno il counselor presso un rifugio per senzatetto dove incontra il rapper. In *Criminal Minded* (1987) KRS-One registra e pone in metrica la realtà delle strade, racconta con dovizia di particolari la sparatoria (di pura fiction) con cui lui accoppa prima uno, poi tre spacciatori che lo volevano uccidere per rubargli soldi ed erba, e lo fa attraverso descrizioni molto cinematiche, cariche della violenza di cui questi fatti consistono nella realtà; parla di pistole e sulla copertina del disco lui e Scott La Rock si fanno ritrarre armati fino ai denti, chiedendo in prestito l'artiglieria pesante a un ex marine. È la prima volta che si attinge così esplicitamente a questo immaginario e l'impatto è notevole. Lo scopo di KRS è mostrare *le cose come stanno realmente*, perché finora il rap ha restituito un'immagine abbastanza oleografica del ghetto e, là dove le strade sono invase dal crack e si registra un aumento esponenziale dei morti ammazzati, sui palchi abbiamo artisti che comunque parlano solo di se stessi e di quanto siano bravi, avvinghiati a quella trappola di autoreferenzialità che sembra ciclicamente colpire l'hip hop. È il momento di portare l'attenzione sulle strade, perché tutto proviene da lì ed è lì che bisogna intervenire per sollevarsi da quella voragine in cui si rischia di franare, usando strumenti come la parola e la conoscenza, restituendo valore alla cultura, al rispetto e alle proprie radici: un po' i princìpi che mossero Bambaataa, ma con un linguaggio nuovo e molto più poetico e articolato.

Alcuni mesi dopo l'uscita del disco, DJ Scott La Rock viene ucciso in un agguato e l'immagine aggressiva del gruppo viene messa sotto i riflettori e accusata di incitare alla violenza, non di raccontare senza filtri una realtà quotidiana per chiunque viva nel Bronx.

Tuttavia lo sdoganamento di questi temi più hard e i dischi di un altro rapper, Schoolly D da Filadelfia, coincidono con la nascita del gangsta rap, filone che attecchisce prevalentemente sulla West Coast, in particolare a Los Angeles, dove artisti come Ice T, Dr. Dre e gli N.W.A. (Niggaz Wit Attitudes) dedicheranno tutta la loro carriera a scrivere *canzoni della mala* da una visuale in soggettiva, creando un proprio stile musicale, il G-funk.

KRS-One intuisce che lo strumento migliore per arrestare la spirale di autodistruzione in cui i giovani del ghetto sono ripiombati sia l'*edutainment*, fusione vincente tra educazione e intrattenimento, cercando un approccio più spirituale e consapevole al rap. L'album successivo dei Boogie Down Productions, intitolato *By All Means Necessary* (1988) è impostato su questa filosofia, con brani come *My Philosophy* e *Stop the Violence*, orientati all'elevazione della coscienza del prossimo attraverso l'introspezione e l'autoanalisi. Tra il 1986 e la fine degli anni Novanta, molti gruppi saranno influenzati da questa visione e nascerà un vero e proprio filone, il conscious rap.

Quel giorno, di ritorno dall'esame, è proprio un gruppo *conscious* a essere apprezzato anche da Giovanni, un trio di Amityville (Long Island), che porta la lezione di KRS-One a un altro livello: i De La Soul con *3 Feet High and Rising* spostano l'asse dell'hip hop in una direzione fresca e leggera, al nero rispondono con colori sgargianti, alle collane d'oro preferiscono collane di legno e cuoio, dando inizio a un movimento artistico definito la *daisy age*, l'era delle margherite. La loro musica così allegra, la giocosità delle rime e l'approccio jazz li rendono i compagni migliori per me e papà, in questo viaggio che abbiamo appena iniziato.

31

Una nuova avventura sta iniziando a Città di Castello e riesco a essere uno dei protagonisti, quando sulle ceneri della
piccola Radio Centrale nasce Radio BlueTime, i cui proprie-
tari hanno anche preso in gestione la discoteca FormulaUno,
dove una sera mi avvicinano, per propormi di condurre un
programma. La trasmissione quotidiana intitolata "Gimme
Fun", nome scelto dalla direzione per la facile assonanza
con *Gimme Five* di Jovanotti (il quale nel frattempo ha avuto
uno show tutto per sé su Italia 1, ha partecipato al Festival
di Sanremo e sta per finire il servizio militare), mi consente di proporre tutta la musica che mi piace, oltre a disporre
di un budget con cui comprare dischi ogni settimana. Il lavoro di un disc jockey radiofonico è abbastanza diverso da
quello del dj che mette musica in un locale, specie in questi
anni pre-digitali, nei quali la cosa più avveniristica che uti-
lizziamo è il cd player. Lo studio di trasmissione consiste
in un mixer con parecchi canali cui sono attaccati due giradischi, due cd player, tre piastre a cassette, tutti i microfoni, il telefono per le dirette e *il pizzone*: il nastro magnetico
della durata di otto ore (grande appunto quanto una pizza) su cui è registrata la programmazione della notte, fondamentale in caso di blackout, perché se salta la corrente
abbiamo un gruppo di continuità che alimenta il trasmetti-

tore e il pizzone, dato che un eventuale silenzio prolunga-
to equivarrebbe a lasciare libera la frequenza, con il rischio
che qualcun altro la occupi e poi sono cazzi.

A BlueTime ognuno deve farsi regia da solo, quindi non
soltanto devo gestire la mia messa in onda, ma ho l'incombenza di mandare le pubblicità in orario e qualche volta
leggere anche il notiziario (quando non ci sono notizie locali, si legge il televideo): ho grande libertà nella scelta del
repertorio e quindi spazio allegramente, dall'hip hop al
funk alla house, venghino, siori, venghino. Alle volte rappo anche qualcosa.

L'imbarazzo di farlo in pubblico l'ho superato allo Scorpione, la discoteca di Sansepolcro, più piccola del FormulaUno,
ma praticamente in città. Nato come night club negli anni
Sessanta, lo Scorpione conserva quella struttura di locale
d'antan, con una grande pista circolare in legno e la piccionaia, una balconata piena di divanetti e poltroncine, su cui
tendenzialmente si sale per infrattarsi. Elemento di spic-
co, *la vasca per ballerine*, meraviglioso residuo di un'epoca bizzarra e decadente, che non sfigurerebbe in un night
della Banda della Magliana: un acquario da quasi quindici metri cubi, in cui le ragazze dell'animazione ballano in
bikini e in apnea. La musica qui è diversa da quella di Marco Cesari, ma perfetta per l'atmosfera del posto, che io frequento esclusivamente la domenica pomeriggio, dalle cinque fino alla chiusura delle sette e mezzo.

Il dj dello Scorpione è Mauro Ferrucci, che qui tutti chiamano Cavallo Pazzo, un ragazzone veneziano coi capelli
lunghi e la barba scolpita alla Lorenzo Lamas, che un pomeriggio si volta verso di me e dice: «Hai detto che sai
rappare, vero?», io annuisco e lui, porgendomi il microfono: «Fammi sentire». Non mi ero mai esibito in pubblico e
dire che sapessi rappare è un po' forte, al liceo avevo scritto qualche rima, solo in inglese (tra cui il manifesto rap della *Lista Studente Dinamico – L.S.D.* con cui mi ero candida-

to insieme al Poli e al Cozzolino per il consiglio d'istituto in quinta), ma sono davvero poca cosa e un po' mi vergogno, così attacco *Bring the Noise* dei Public Enemy, sparato a duemila all'ora: bang! Nessuno dei presenti ha mai sentito rappare dal vivo e per un istante tutto lo Scorpione si ferma, ragazzi in pista, ballerine nella vasca, lingue in piccionaia; poi tutti a urlare, applausi, le mani in aria, insomma sembrano gradire.

Bella mossa, Mauro, ancora grazie, ma è meglio che impari a scrivere delle rime decenti prima di dire con tanta sicurezza che *so rappare*, altrimenti rischio di fare la figura di Big Bank Hank.

Nelle mie frequentazioni perugine è Roberto Corbelli, detto Robo, a iniziarmi al miglior metodo di allenamento per la scrittura: l'enigmistica classica. Sotto questa definizione vanno i poetici, le sciarade, i monoverbi, le crittografie, insomma tutti quei giochi della "Settimana Enigmistica" che l'utente medio non guarda nemmeno, concentrato a risolvere l'enigmistica "popolare" dei cruciverba; non intendo sminuire il valore dei cruciverba, ma sono proprio un altro sport rispetto alla classica, che richiede molta fantasia e un discreto esercizio di pensiero laterale, essendo in gran parte basata sulla bivalenza di senso. Un gioco poetico è costituito da una frase che sembra descrivere in modo univoco qualcosa, ma è perfettamente riferibile a qualcos'altro; unico suggerimento è un codice tra parentesi, in cui le cifre indicano il numero di lettere di cui sono costituite le parole della soluzione. Per fare un paio di esempi pratici e farvi capire meglio il meccanismo, ecco due "frasi di senso":

Guardare un cucchiaino (9,2,5,6,2,13)
  soluzione: Osservare un mezzo minuto di raccoglimento

Il pompino al nero (10,2,5,4,6,4)
  soluzione: Intervento di Bocca sull'affare Moro

Su ognuno di questi giochi posso rimanere per ore, scervellarmi per giorni o settimane, prima di avere l'illuminazione: mi è sufficiente ricordare una frase con la relativa chiave numerica per avere sempre con me un passatempo più divertente di un Game Boy. L'utilità dell'enigmistica sta proprio nel continuo esercizio mentale che si fa con le parole, permutandone le lettere alla ricerca di un anagramma o ricercando il sottotesto di un enigma, un impegno molto vicino al lavoro di ricerca della miglior sintesi letteraria di un concetto. Ventiquattro anni dopo, quando scriverò *Pedala*, sarà la nomenclatura della fisica del moto della bicicletta a suggerire l'argomento del testo, osservando come le parole usate in un ambito (come *periodi, rapporti, coppia, momento, corona, rivoluzione*) assumano un significato diverso se decontestualizzate, e su questa base costruirò la storia che voglio raccontare. Un gran regalo, quello di Robo, che userò per tutti gli anni a venire.

Che bel Natale questo del 1989, con noi tre riuniti, la casa tutta addobbata e l'albero e il presepe; quest'ultimo arriva dalla famiglia di mamma, sicuramente anteriore alla guerra, perché era proprio quello che lei (classe 1936) allestiva da bambina con nonno Gigi, tante statuine di gesso colorato, casette di cartone, ciottoli e corteccia. Col passare degli anni lo abbiamo integrato con: cieli stellati fatti di carta d'alluminio (quella usata per le uova di Pasqua, che se per sbaglio le fai una piegolina resterà per sempre il segno e parrà che Cristo lo abbia annunciato una scia chimica), muschio vero raccolto da noi nel bosco, muschio finto della Standa, lucine a intermittenza di varie pezzature, pezzi di stagnola e infine palline di polistirolo per simulare la neve, che un anno abbiamo provato a usare pentendocene immediatamente, ma da allora imperversano attaccate a ogni componente del presepe.

Papà migliora, ma il cardiologo continua a ricordargli quanto sarebbe utile se facesse un po' di moto, cosa che il vecchio si rifiuta di recepire; ha sempre avuto qualche difficoltà di deambulazione, soffrendo di una displasia dell'anca che non ha mai fatto di lui un camminatore: con mamma decidiamo di regalargli una bicicletta, che in un posto pianeggiante come Castello è l'ideale, specie per una riabilitazione. Mi occupo io della traslazione del mezzo fino al secondo piano (casa nostra è distribuita su due livelli, con lo studio di papà al pianterreno e l'appartamento che si sviluppa di sopra) e lo piazzo sul cavalletto accanto all'albero, coprendolo con il lenzuolo che Germana mi ha preparato.

Arriva mezzanotte e, come rito vuole, Giovanni annuncia: «Dài, andiamo di là a vedere se quest'anno ci hanno portato qualcosa». Ci spostiamo in sala, dove troneggia un fantasma a due ruote, e papà ha un'esitazione; è interdetto, non capisce, nessuno di noi gli aveva parlato di un regalo così voluminoso per mamma o per me, ma non dice nulla, come il suo stile impone. Siamo solo in tre: quanti pacchetti ci saranno mai stati? Pochi, quasi tutti libri, ma le tradizioni vanno rispettate e ogni regalo è comunque annunciato ad alta voce, per esempio "da Giovanni a Germana". Arriviamo all'elefante nella stanza e annuncio: «Da mamma e Chicco a papà», quindi indico quella mezza transenna bianca. Papà si trasfigura, tira su le sopracciglia verso il centro della fronte, mentre le labbra gli tremano. Inizia almeno dieci frasi senza riuscire a pronunciare una parola e le lacrime già gli rigano il viso e si deve sedere: è la prima bicicletta che abbia mai posseduto. Le ha sempre avute in prestito da sua sorella o suo fratello, o magari era quella di uno zio, di un cugino, mai una *sua*; mentre farfuglia questa storia sta singhiozzando, ci abbraccia forte, è al colmo della felicità ed è il regalo più bello che abbia mai ricevuto, il più bello che io abbia mai visto ricevere.

Non la userà molto, vuoi per pigrizia, vuoi perché gli faceva anche un po' male l'anca. Resterà in garage fino al

2013, quando Giovanni e Germana se ne saranno già andati e a me servirà per sbrigare delle commissioni in centro. Montandoci su ripenserò a questo Natale, a come le biciclette – a loro modo – entrino nella nostra storia: magari ci scriverò una canzone.

32

Il giorno in cui in edicola trovo il primo numero di "Skate",
mensile dedicato al mondo dello skateboarding pubblicato dalla Edifumetto di Milano (la casa editrice dei fumetti
porno tipo "Il Tromba", "Corna vissute", "Sukia" e anche
"Paninaro"), mi torna in mente quella vecchia idea di im-
provvisarmi giornalista per raggranellare due lire: manca
giusto una rubrica che si occupi di musica hip hop e graffiti, così riprendo il vecchio copione e telefono al direttore
editoriale, convincendolo del naturale legame che unisce
la cultura hip hop al mondo dello skateboard, incartando-
gli una balla enorme che lui si beve d'un fiato assumendo-
mi seduta stante.

Avendo completa libertà, decido di iniziare con la recensione del disco di A Tribe Called Quest, gruppo che fa parte dei Native Tongues, il collettivo dei De La Soul, Jungle
Brothers, Queen Latifah e tutti quegli artisti che si ritrovano nell'idea di *daisy age* e animano il vero e proprio Rinascimento dell'hip hop, ponendo al centro dei testi ironia e
ricerca introspettiva, incrinando la scorza di machismo di
cui finora è stato ricoperto il rap. Sono anni di grande fermento, in cui dal tronco della tradizione s'iniziano a divi-
dere i rami massicci che andranno a costituire la chioma di
una delle più grandi creature al mondo, la cui salvaguardia

dipende dalla cura che si dedica alle radici, preservandole integre e solide. *People's Instinctive Travels and the Paths of Rhythm* è un disco perfetto, i campionamenti sono innovativi e giocosi, arrivano da dischi jazz e r'n'b che gli altri non conoscono e che loro scoprono proprio frugando tra le radici dell'hip hop, le metriche di Q-Tip e i testi sono decisamente alternativi rispetto a quello che circola al momento: nessuno ha mai pensato di fare un pezzo sulla storia di un portafogli dimenticato a El Segundo o sulle disavventure di un b-boy francese a New York, cose buffe dette in modo divertente, con una padronanza assoluta del vocabolario e un'eleganza che stacca il gruppo dal resto della scena.

La recensione piace e dopo un paio di settimane è in edicola: in calce all'articolo ho aggiunto l'indirizzo di casa, invitando i lettori a mandarmi i loro graffiti con la promessa di pubblicare i migliori. Va detto che l'iconografia dello skateboarding è solo marginalmente rappresentata da graffiti e per la gran parte è basata su immagini di teschi, teschi fiammeggianti, scheletri e mani con bocche urlanti al centro del palmo; d'altronde anche musicalmente gli skater sono sempre stati da un'altra parte, alternative rock, hardcore, punk, thrash, tutta musica suonata principalmente da maschi bianchi californiani o scandinavi e che con gli A Tribe Called Quest non c'azzecca nemmeno per scherzo. Come prevedibile i disegni che mi arrivano sono praticamente tutti di bambini e sembrano i lavoretti realizzati per Halloween: fanno tanta tenerezza, ma io quella roba non la pubblico.

Durante uno dei miei viaggi a Torino a trovare i Rivetti passo al Teatro Regio, che con il lastricato di marmo del suo Atrio delle Carrozze (enorme spazio al riparo dalle intemperie, accessibile a tutti, fino a quando non lo blinderanno con una artistica quanto odiosa cancellata) dal 1982 è il luogo in cui si ritrova la comunità hip hop torinese; il marmo lucido in terra è perfetto per ballare, è fatto per scivolarci su e se indossi un K-way la frizione è minima e puoi girare sulla schiena ancora più a lungo. Sono i marmi del Regio, del Muretto di Milano e della Galleria Colonna a Roma a fare da catalizzatori per la nascente scena italiana (negli anni 2000 la proprietà degli spazi del Muretto penserà bene di disseminare il lastricato di grossi chiodi d'ottone, per impedire ai ragazzi di ballare). Al Regio vengo accolto con contenuta cordialità, col naturale scetticismo che ha sempre difeso la comunità dagli *intrusi*, ma ritrovo Maurizietto NextOne e conosco Igor Castiglia e tanti b-boy, writer, dj ed mc che si vedono tutti i giorni e si allenano costantemente, ognuno nelle proprie discipline, come nei playground a Brooklyn o nel Bronx. È a loro che chiedo se hanno voglia di avere i propri *piece* pubblicati: oltre a essere *veri*, sono proprio belli e meritano di essere visti da tutti.

In quella stessa gita torinese, i Rivetti mi portano a El Paso, centro sociale che occupa i locali di una vecchia scuola, non distante dal centro: un enorme sottomarino dipinto sul muro d'ingresso mi accoglie nella assoluta novità degli spazi autogestiti, in cui musica, arte e attività politiche e sociali lavorano di concerto per costruire un'offerta alternativa e *conscious* alla banalità massificante rappresentata dalle discoteche per un verso, dalle sedi di partito per un altro. L'attività politica non mi ha mai interessato, ma i concetti di controinformazione rappati dai Public Enemy, che vedono i media come strumenti manipolativi – come già diceva nel 1970 Gil Scott-Heron, *The Revolution Will Not Be Televised* –, sono temi che iniziano ad affascinarmi.

A cavallo del Capodanno è nato il movimento studentesco La Pantera, e le occupazioni universitarie, partite da Palermo, si moltiplicano rapidamente coinvolgendo tutta Italia, Perugia inclusa. Partecipo a un paio di assemblee, probabilmente quelle sbagliate, perché – nonostante il movimento si proponga con linguaggi innovativi e colorati e abbia la meravigliosa intuizione di recuperare il situazionismo, trasformando in circo i cortei – non riesco ad appassionarmi al dibattito: mi ricorda troppo l'esperienza dell'occupazione in terza liceo a Caserta, in cui il disinteresse e l'atmosfera di deregulation alimentavano un senso di *farsi i cazzi propri tutti insieme* che non ho mai condiviso.

Di contro, durante il periodo dell'occupazione molti gruppi si esibiscono negli spazi degli atenei e tra loro ci sono delle crew molto attive nei centri sociali, come gli Isola Posse All Stars dall'Isola nel Kantiere di Bologna e gli Onda Rossa Posse dal Forte Prenestino di Roma. Il termine "posse" significa "ciurma", "cricca", e nell'hip hop indica un ristretto entourage di artisti e di loro sodali. Tuttavia, col passare del tempo, in Italia avrebbe assunto un significato differente. Troppi giornalisti dei primi anni Novanta inizieranno a utilizzare il termine "posse" per identificare inizialmente chiunque faccia rap, poi tutta la nuova musica indipendente italiana che, dopo La Pantera, ha avuto un impulso improvviso. Quindi si sarà indicati come "le posse", ovvero quelli che fanno "la musica posse", creando un genere inesistente, un lungo würstel che va dal folk dei Mau Mau al punk rock dei Disciplinatha, in un crescendo di obbrobrio linguistico, prima che concettuale; l'ennesima sintesi sbrigativa di chi non ha tempo, voglia o capacità di tracciare distinzioni e che fa sembrare tutto uguale, finendo per convincere il pubblico che, in fondo, *sia* tutto uguale. Peccato.

A riprova che il giornalismo fosse già in crisi, anche per merito di opportunisti parvenu come il sottoscritto, decido che il concerto di MC Hammer al PalaTrussardi di Milano è un evento che merita un articolo, così mi faccio pagare dall'editore treno e biglietto; l'unico ricordo di quel viaggio, due ragazzi di Varese, Intruso ed Esame, appassionati di rap che conoscono la mia rubrica: li incontro alle transenne dell'ingresso ed Esame tira fuori da un enorme zaino un'agenda su cui fa pratica di graffiti e, più la sfoglio, peggio sono. Alcuni li ha copiati da un libro che avevo recensito e, vi assicuro, gli originali erano veramente brutti, ma lui riesce a renderli con una tale imperizia grafica da far rimpiangere quei cessi a pedali che ha copiato; ma Esame è un gavettone di ottimismo, sorride pacifico, nelle sue parole sembra tutto possibile: si sente fortunato ad aver trovato questa cosa dell'hip hop, perché a Varese c'è bisogno di aria nuova e lui vuole metterci del suo. Il concerto di Hammer è – come prevedibile – un'affollatissima zuppa insipida piena di pantaloni in lamé e l'articolo non lo scriverò mai.

Un'altra conoscenza la faccio al telefono, dopo che un ragazzo sardo, MC Flower, mi manda il demo del suo gruppo in una busta. I pezzi non sono male e, soprattutto, sono in italiano. Mi fa uno strano effetto sentire rappare nella nostra lingua: a parte i paleo-rap degli anni Ottanta, ho già sentito *Gente della notte* di Jovanotti, pezzo bello e molto disteso, ma lui non riesco proprio a inquadrarlo nell'hip hop, specie dopo la svolta yankee che ha avuto col secondo album, con cappelli texani e *la sua moto*. Eppure, nonostante su quel demo ci sia il primo *vero* rap in italiano che sento, quando telefono ad Alessandro MC Flower ho la faccia da culo di dargli un parere non richiesto, suggerendo: «Perché non provate a rappare in sardo? È una lingua antica e con sonorità uniche: pensa che fico!». Immagino di essere stato l'ennesimo a dargli quel consiglio, ma nei mesi successivi MC Flower cambierà nome in un più aggressivo Kg, che poi trasformerà in Quilo, e i suoi Sa Razza Posse saranno il primo gruppo rap in lingua sarda della storia.

Nel frattempo BlueTime è diventata la radio ufficiale della discoteca FormulaUno, così m'invento di proporre alla direzione di invitare qualche ballerino, per fare uno spettacolo durante la serata. Guarda caso io conosco il più bravo: la settimana dopo, da Torino arriva Maurizietto, accompagnato da tre amici, MC Top Cat, Carri D e DJ Gruff. Il primo è un milanese-americano dei Radical Stuff, mentre Carri D è una ragazza, tra le migliori mc in circolazione, breaker e dj. La serata al Formula è tristissima, c'è poca gente e il locale, che in sé è un bottegone che non c'entra nulla con 'sti quattro alieni che ho evocato, con tutti quegli specchi, i cubi e la macchina del fumo, a vederlo mezzo vuoto sembra un night club d'oltrecortina. Maurizietto NextOne, il miglior breaker che conosca, è un professionista, assolve alle incombenze lavorative e balla senza battere ciglio, MC Top Cat rappa qualcosa e il dente è tolto. Ci ritroviamo fuori dal locale per salutarci, perché i ragazzi ripartono subito per Torino, ma Gruff comincia a spiegarmi che, se qualcuno ti procura una serata, è giusto ripartire i guadagni con lui, e quindi tira fuori centomila lire da quel milione pattuito col FormulaUno e non serve a niente insistere, perché quel 10 per cento è mio e me lo devo prendere per forza. Poi mi regala la cassetta che sta ascoltando, *Stranitarda*, un suo mix tape, «così ascolti un po' di roba buona».

Tornato a casa la infilo nello stereo e parte una intro con *Tour de France* dei Kraftwerk, su cui s'innesta *Cuore matto* di Little Tony, sessanta minuti di scratch e cutting di dischi electro, funk e jazz: fresco e pazzo, Gruff.

33

È un pomeriggio di marzo quando squilla il telefono e un certo Marco Capaccioni, che si qualifica come il fonico di uno studio di registrazione di Castello, mi chiede di passare a trovarlo, vorrebbe conoscermi. Mi ha sentito rappare al FormulaUno, mentre si trovava lì con il suo socio Alberto Brizzi, e i due sono alla ricerca di un mc, per registrare qualche rima in un pezzo di piano house un po' maranza che stanno realizzando.

Il Sound Studio Service ha sede in fondo al corso principale di Castello, in quelle che furono le stalle di un palazzo del Quattrocento in pietra serena, due locali con basse volte di mattoni a vista, traboccanti di strumenti ed effetti: uno studio vero, insomma, il primo che vedo.

I ragazzi sono simpatici, entrambi hanno i capelli lunghi e un gran senso dell'umorismo: ok, proviamoci. Il pezzo è orrendo – difficile capitare peggio –, ma l'idea di incidere un disco è divertente e mi metto a scrivere una storia, nella quale io vado in giro di notte, vengo sedotto da una bellezza esotica e, arrivati al dunque, con mio grande scorno scopro che si tratta di un uomo di nome George: una cagata, in linea col pezzo. Chiaramente il testo di *Plaza latina* è in inglese, visto che per me il rap in italiano non è pensabile. Per finalizzare la registrazione occorre un DAT, un registratore digitale su cassetta che ha la stessa qualità del cd, un apparecchio costoso e delicato, che purtroppo i ragazzi di studio non hanno. Marco inizia a fare un giro di telefonate tra le sue conoscenze per cercare di recuperarne uno, e a prestarci quel delicato strumento sarà un generoso e strenuo sostenitore dei giovani: Ivan Graziani.

Frequentando lo studio, conosco Luca Conti e Cesare Bianconi; Luca è appassionato di aviazione (eccone un altro) e, nonostante non abbia mai volato in vita sua, è un vero *geek* che assembla e dipinge modellini nel proprio garage, in cui è stipato tutto l'arsenale del quadrante occidentale, ma in scala 1:48. Cesare è un pigro intelligente e curioso, con una grande passione per musica e storia templare, abita a duecento metri da casa mia e, se durante la settimana io sono sempre all'università, nei weekend ci vediamo e passiamo il tempo ad ascoltare musica, vedere film e parlare fittissimo. Il disco che ho registrato lo vivo come un diversivo, un'occasione colta al volo, ma che non mi rappresenta affatto: non è ancora il momento per la musica, devo prima finire l'università.

Durante la convalescenza di Giovanni, l'azienda per la quale lavora decide che è ora di rimodulare la propria dirigenza e lo licenzia su due piedi. Cinquantasei anni, disoccupato e acciaccato dall'infarto, è davvero un bel periodino per l'Ingegnere, che tutt'a un tratto su quel famoso baratro si ritrova a passeggiarci bendato. Ma il Titano risolve tutto, pragmatico: se non lavoro, studio.

Il giorno della prima lezione di Diritto privato, Giovanni e io entriamo in un'aula magna gremita e cerchiamo un posto; il vecchio muove a pietà uno studente, che gli cede il suo, mentre io siedo su un gradino: questa sarà la disposizione tipo per tutto il corso, che in un crescendo trasformerà Giovanni nella star della facoltà, additato come una meraviglia antropologica e corteggiato da una lunga schiera di fan. Io per tutti sono il figlio dell'Ingegnere e l'intero ateneo tifa per lui, al punto che i compagni di corso, più giovani di trent'anni, gli procurano dispense a uno schiocco di dita: per Giovanni andare all'università è come *Cocoon*, immergersi nella gioventù lo rivitalizza, trova gli stimoli per reinventarsi completamente e affrontare questa nuova vita con idee e coscienza rinnovate. Ed è fondamentale Germana, che lo sostiene da vicino, forse da troppo vicino, apprensiva com'è sempre stata. Da quando papà ha avuto l'infarto, lei non vuole più lasciarlo solo a casa e va a fare la spesa solo quando lui esce, «perché, se gli capita qualcosa per strada, ci sarà pur qualcuno ad aiutarlo: qui ci sono solo io». Tutti a bordo, ché il carro di Madre Coraggio si sta già muovendo.

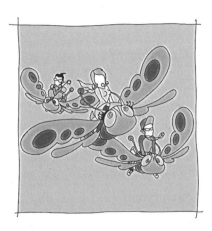

Arriva l'estate e, dopo una salva di tre esami superati, i genitori partono per la migrazione stagionale verso Sud, mentre io rimango in zona e vado in vacanza, ospite di Lorenzo nel campeggio Stella Maris di Torrette. La roulotte della famiglia Mercati è grande e confortevole, ma ahimè occupata dai Mercati stessi, e riesco a trovare ricovero solo nel

pianale della Volvo di famiglia, confidenzialmente indicato come "la suite del Polar".

Dopo un paio di giorni, durante un'uscita sulla barchet-
ta a vela di Lorenzo, mi cascano gli occhiali nell'Adriati-
co e passo le successive due settimane strizzando gli occhi
come Clint Eastwood col sole in faccia. Gli occhiali sono
abituato ad averli sul naso dal Natale del 1977, quando ci
accorgemmo che ero miope; uso il plurale perché fu una
scoperta anche per me, che m'ero abituato a vedere in quel
modo e compensavo la scarsità focale avvicinandomi progressivamente al televisore. Alla ripresa della scuola avevo attraversato una breve fase "fanali" e "occhi-in-vetrina",
che allora non si chiamava ancora bullismo e alla fine s'e-
ra risolta da sé.

Tornato a Castello nel pieno dell'estate, con tutti gli ottici
in ferie, a tentoni ritrovo in un cassetto un vecchio paio di
occhiali di Giovanni, quelli che portava quando ero bambino, una montatura in celluloide, nera e spessa, da vero
hipster. Li inforco e scopro di vederci bene, non benissimo,
ma dopo quindici giorni passati come un gorilla nella nebbia rientro di colpo nella civiltà. Quando decido di rifarmi
gli occhiali, scelgo la montatura più simile al modello di
papà, i Ray-Ban Wayfarer, quelli dei *Blues Brothers*, su cui
faccio montare le lenti da vista: mi trovo abbastanza bene
e per un po' non li cambierò.

Oltre a vederlo meglio, intorno a me il mondo diventa
molto più interessante, in questo 1990 di profondi mutamen-
ti, cominciati nel novembre dell'89 con la caduta del Muro
di Berlino e proseguiti con la deposizione di Ceaușescu, la
liberazione di Nelson Mandela, la rimozione dell'omoses-
sualità dall'elenco delle malattie mentali dell'OMS, grandi
progressi accanto ai quali si gettano i semi di altrettante future tragedie, come l'inasprirsi dei contrasti interni in Iugoslavia, l'invasione del Kuwait da parte dell'Iraq, l'operazione *Desert Storm*, Gladio.

A capirci qualcosa mi aiuta "Avvenimenti", il settimanale di inchieste giornalistiche diretto da Claudio Fracassi, che scava intorno ai fatti per poterli comprendere meglio. Le inchieste su P2, Gladio, Ustica e sulla penetrazione delle mafie in tutte le regioni d'Italia a livello economico e amministrativo mi spingono a un'analisi ancora più critica delle notizie che i media ci propongono: sono curioso di capire come e perché certe notizie non vengano date, vengano distorte, vengano comunicate ma subito eclissate da notizie minori, enfatizzate allo spasimo. Anche i miei leggono la rivista e spesso a tavola se ne commentano gli articoli: questi nuovi argomenti che abbiamo in comune sono appassionanti, portano una nuova energia dentro casa che fa un gran bene a tutti. Non dico che si stesse diventando cinture nere di dietrologia, ma aguzzare la vista suggerisce visioni differenti e interessanti, proprio come nell'enigmistica: tutti e tre, in quel periodo, guardavamo i telegiornali come fossero la *Pagina della Sfinge*.

La sera del primo bombardamento su Baghdad sono a casa e lo vedo alla televisione, come tutti: Germana è terrorizzata, l'idea che quelle lucine siano colpi di mortaio, missili e bombe la fa stare malissimo. Lei, che da bambina le bombe le schivava, non sopporta il pensiero che ci siano altri bambini a schivarle, adesso, davanti ai suoi occhi. Esco a fare due passi e prendere una boccata d'aria, perché l'atmosfera è pesante e veder consumare quello spettacolo, perfettamente fotografato e in formato prime time, non è sopportabile.

Arrivo al bar Millefiori, dove incontro il Meo e Preludio; Claudio Boriosi, detto Preludio (per via di certe lezioni di piano che prese da bambino e che gli amici non vogliono fargli dimenticare), è uno studente d'arte con la passione per i fumetti di Andrea Pazienza e Edika, in grado di raccontarli nei più minuziosi dettagli, con una capacità di analisi chirurgica e un cinismo tagliente, immerso nel sogno di diventare ispettore (l'idea che ha di quel lavoro è un misto tra il tenente Sheridan e l'ispettore Zenigata, con molte estrazioni di pistola al rallentatore, baveri alzati e successivi allontanamenti di spalle, con leggera brezza laterale). Meo e Preludio non condividono le mie posizioni politiche e, nonostante un'identità di vedute sui valori fondamentali e un'amicizia che dura ancora, sono proprio di destra: io obiettore alle armi, Preludio che vuole fare il poliziotto. Sono entrambi per le soluzioni veloci, magari non sbrigative, ma sicuramente due interventisti. Quando arrivo sono scosso e vederli mi fa piacere, perché ho bisogno di sfogarmi, di tirare fuori cosa mi bolle in testa; non sanno nulla del bombardamento, così inizio a raccontarglielo con una specie di orazione – abbastanza democristiana, come ogni tanto mi capita – in cui traduco quelle immagini surreali in esplosioni, macerie, morti, che sovrappongo alla nostra realtà, entrando nell'immaginario quotidiano di tre nostri omologhi iracheni, che in questo istante hanno la vita trasformata, per sempre. I ragazzi cambiano espressione, quel punto di vista non l'avevano contemplato, sempre a guardare una mappa e non l'effettiva realtà che c'è riassunta sopra, ora stanno *empatizzando* con le vittime, la loro visione sta andando alla deriva. Poi all'improvviso una macchina ci inchioda accanto, come un pupazzo a molla sbuca fuori il Cerro che urla euforico: «*Oh, fiòli! Anno atacchéto a bombardé! Pare n'giochino, che ficata! Io me l'vado a guardé a chésa!*», e riparte.

L'indomani i supermercati vengono presi d'assalto e svuotati praticamente di tutto, prime a finire carta igienica e passata di pomodoro; ho visto un tizio incastrare in un carrello dodici prosciutti, un altro caricare mezza mortadella su una Panda, in una corsa all'accaparramento di carni di maiale per il timore che l'imminente applicazione della *shari'a* li privasse di quei beni rifugio e li lasciasse così, senza manco una *sansiccia*.

34

Sono passate poche settimane da che il conflitto è diventato una partita a *Missile Command* in verde e nero, quando per caso intercetto alla radio *Baghdad 1.9.9.1.*, *instant tape* autoprodotto degli Onda Rossa Posse di cui, nonostante condivida molti dei contenuti, proprio non riesco ad apprezzare la forma: il tono che cala sul finale di ogni frase, come nei cortei e nei comizi, le rime che, per le molte licenze metriche, spesso mancano (con l'eccezione di Don Rico, che sul ritmo scassa tutto). Nel pezzo degli Onda Rossa sento la forma ancora distante dall'hip hop, che in quasi vent'anni è passato dal Duplo al Lego al Technics e ha imparato a incastrare le parole sempre più scientificamente.

Voglio trovare dell'altro da ascoltare in quest'epoca di stravolgimenti, mentre le coste adriatiche vengono prese d'assalto dalla prima grande ondata d'immigrazione dall'Albania, le parti della ormai ex Iugoslavia sono sempre più in frizione tra loro e l'Unione Sovietica smette di essere "unione" e si polverizza in una galassia di stati indipendenti. Usando la sempiterna scusa del giornalino, penso che i tempi siano maturi per realizzare la mia prima intervista e scelgo Luca De Gennaro, un po' perché è un giornalista esperto e confido che saprà guidarmi, un po' perché è l'unico di cui abbia un recapito, l'indirizzo di casa scritto sul volantino della Zulu Nation che hanno distribuito a Umbertide con Bambaataa.

Ci diamo appuntamento a Roma, in un bar in via Oslavia, dietro la Rai di via Asiago. Ci presentiamo Lorenzo e io e facciamo un'oretta di chiacchierata, quanto di più lontano da un'intervista possiate immaginare: praticamente De Gennaro intervista noi.

Prima di salutarci, ci racconta che sta collaborando alla realizzazione di un festival hip hop che si terrà a giugno presso il club La Papessa a Mandriola di Albignasego (PD) e ospiterà i più importanti artisti italiani. Perfetto, ci vediamo lì.

A Padova ci vado col Poli, partiamo in tarda mattinata e quando arriviamo alla Papessa sono le tre del pomeriggio e c'è già un sacco di gente. L'evento prevede un contest per i writer, che hanno a disposizione un muro lunghissimo e bombolette per tutti, poi contest di ballo e alla sera concerto e jam. Nel pubblico ritrovo Esame (adesso Esa), sempre carico e con l'umore alle stelle. Sta lavorando a un progetto, mi dice, e presto mi farà sentire qualcosa. Quando mesi dopo mi arriverà *L'anno della riscossa*, il demo tape degli Otierre, sarà il prodotto più fresco e genuino che abbia mai visto e sentito in Italia fino ad allora, una community di quattordici rapper, dj e ballerini che fanno musica con un approccio gioioso, la *daisy age* che fiorisce a Varese, avvolta in una copertina illustrata da puppet bellissimi, disegnati proprio da Esa. Lo studio, l'allenamento e un gruppo affiatato lo hanno reso un campione e nel mio primo album dedicherò loro un pezzo, *Omaggio Tributo Riconoscimento*, proprio per ringraziarli di avermi mostrato come sia possibile coniugare con semplicità l'hip hop e la cultura italiana.

Qui a Padova vedo esibirsi Ice One coi Power MC's e conosco Federico Ferretti, Dj Stile, un raffinato musicista che suona il vinile e che diventerà il mio dj per il primo album e tour. Conosco anche Sergio Messina, qui per presentare la sua *RadioGladio*, canzone in cui spiega agli americani come vengano spesi i loro soldi nell'operazione omonima: Sergio diventerà l'amico senza peli sulla lingua e dal gran gusto musicale a cui farò sentire i miei pezzi prima che a chiunque altro. Sul palco della Papessa salgono anche i Devastatin' Posse, gruppo torinese formato da Grasshopper ed MC Shark con dj Basic Bass ai piatti, e sono il primo gruppo hip hop che sento rappare dal vivo in italiano: le loro *Telecommando* e *Pensiero armato* veicolano rime antagoniste, ma con la forma propria dell'hip hop, che le amplifica e le rende efficaci. Questa festa mi dà una carica speciale, respiro un'aria nuova e vedo in scena un mondo cui sento di appartenere.

Si viaggia di notte, tornando a Firenze, dove si fa tappa a casa del Poli, che va a dormire. Io resto sveglio, perché ho voglia di provare a scrivere qualcosa che mi frulla per la testa da qualche tempo, da quando ho visto *Ragazzi fuori*, l'ultimo film di Marco Risi, il seguito di *Mery per sempre*. La storia di un gruppo di ragazzi palermitani e delle loro vite, proiettate in una spirale verso il basso, mi dà un sottofondo emotivo su cui inizio a scrivere, sul tavolo di casa del Poli. Ripenso a Peppino Impastato e alla sua rivoluzione ancora da venire, a Piersanti Mattarella e a quella mattina dell'Epifania 1980, quando ero in partenza con tutta la famiglia per una gita a piazza Armerina e siamo transitati su via Libertà, dove era stato appena ucciso, e mia zia Rosetta per tutto il viaggio non smise mai di piangere. Ripenso al capitano Mario D'Aleo, carabiniere di Monreale che abbiamo conosciuto pochi mesi prima che fosse ucciso in un agguato; a Don Pino Puglisi, a Pippo Fava, Mauro Rostagno e Boris Giuliano, ai santi laici che provano ad arginare l'inferno ma non ce la fanno, a chi si sente al sicuro e – spesso inconsapevolmente – finanzia gli assassini, a chi non riesce a vedere alternative alle guerre fratricide; alla connivenza tra Stato e mafia, così evidente da essere data per assodata, ma mai dichiarata, ed è così che le parole iniziano a fluire sulla pagina: *padre contro figlio, fratello su fratello*.

Quando a mezzogiorno il Poli si sveglia, la prima strofa di *Fight da Faida* è completa e gliela leggo subito: il Poli approva. Non mi sembra possibile aver scritto di getto tutta quella roba (mi sono appuntato in fondo alla pagina *colpo su colpo, battuto come un polpo*, ma tornerà buona nel prossimo pezzo che scriverò, *Libri di sangue*), non vedo l'ora di farla sentire a Luca e Cesare, la sera dopo al pub.

Il Fox Hunt è un locale che abbiamo aiutato ad allestire, nato sulle ceneri dell'osteria dei genitori di Lucio Sideri, dopo che lui ha coraggiosamente lasciato la carriera di tipografo per rilevare l'azienda di famiglia. Luca e Cesare impazziscono e me la fanno rappare cento volte, poi la rileggono loro, mi caricano a pallettoni e quella notte, su un tavolo di quel pub, esce la seconda strofa e la metrica ticchetta come un orologio.

A Germana e Giovanni piace e, anche se mio padre è un po' scettico riguardo una mia carriera in quel campo, sicuramente mi fa dei grandi apprezzamenti. La sensazione di libertà e completezza che mi dà la scrittura di *Faida* è irripetibile, più che aver tirato fuori qualcosa mi sembra di aver aggiunto, di essere cresciuto. Nonostante Cesare abbia detto immediatamente: «Facciamo un disco!», io non ci penso troppo, per quella faccenda dell'università che già sapete. Altro dettaglio non trascurabile nella valutazione di una carriera è l'incombenza del servizio militare: un esame all'anno è sufficiente per allontanarlo, ma un'interruzione degli studi significherebbe leva sicura, e dunque temporeggio.

Non passano troppe settimane che Lorenzo organizza una festa nella sua casa di campagna, sulle colline sopra al Borgo, e ci ritroviamo tutti a far baldoria. Luca De Gennaro ha iniziato a condurre "Planet Rock", trasmissione serale di Radio 2 che nei fine settimana diventa "Weekendance", con una programmazione assai più danzereccia.

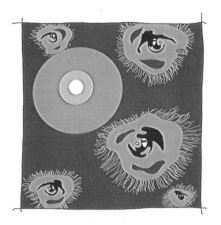

Così alla festa colleghiamo la radio alle casse dell'impianto per ballare: stasera trasmettono la registrazione di un rave party con Lory D ai piatti. La musica dei rave si può agevolmente definire "non hip hop", velocissima e geometrica, e Lory D è un maestro dell'eccesso. Quello che esce dalla radio è l'inferno in 4/4, ma nonostante ciò, euforico e blandamente ciucco, ho un'idea. Dario, il papà di Lorenzo, ha da poco comprato un cellulare, che ancora si chiama "telefono portatile" e ha la stessa impronta fisica di una batteria per motocicletta con su la cornetta di un citofono: voglio provare a fare la prima telefonata *mobile* della mia vita e chiamo la trasmissione di De Gennaro. Compongo il numero e registro sulla segreteria della Rai tutta *Fight da Faida*, rappandola sul beat velocissimo che esce dalla radio; contemporaneamente, nella sala regia di Roma, i due conduttori e il fonico di turno sentono miscelarsi la voce che esce dalla segreteria alla musica che stanno passando: quando finisco e attacco, De Gennaro entra in voce e urla: «Te lo *produsco*, Frankie, te lo *produsco*!».

35

L'approvazione di Luca De Gennaro è la più illustre delle conferme che ricevo, e *Faida* piace a tutti quelli che la sentono. Forse l'idea di Cesare di farci un disco non è del tutto sballata e dovremmo provarci sul serio, ma prima ci serve una base.

Intanto, in preda a un raptus autolesionista, decido di cambiare taglio di capelli e voglio un flat top. Popolare nelle comunità afroamericane degli anni Ottanta, il flat top prevede che i capelli intorno alla testa siano cortissimi e salendo si allunghino progressivamente, così da poterne modellare la sommità come una superficie piatta, secondo lo stile di artisti come Grace Jones, Kid 'n Play e Larry Blackmon dei Cameo: tutti neri, con dei ricci che consentono al flat top di star su, ma io i capelli ce li ho mossi. Ivo Coltellini, il barbiere da cui va anche Giovanni, riceve precise istruzioni e si mette all'opera; capello lungo, baffo, camicia slacciata fino al terzo bottone, scarpe a punta, Ivo è un *coiffeur pour homme* di una volta, un leone da balera che con la bellissima moglie fa una coppia straordinaria. Ivo riesce nell'impresa di violare la legge di gravità, pur incidendo pesantemente sul riscaldamento globale, data la quantità di lacca necessaria a tenere in piedi quello che, a lavoro completo, ha l'aria di un nido fatto da un passero ossessivo-compulsivo e l'unico Cameo che ricordi è il budino.

Forse è meglio che pensi a fare la base. Per caso tiro fuori l'argomento mentre sono a casa di Pietro Bini, in compagnia del gruppo di amici dell'Amiga, gli appassionati di videogame con cui continuo a scambiare floppy e passare serate di gioco. Pietro Bini è il farmacista della piazza principale di Castello, un grosso uomo divertente e generoso, capace di grandi passioni fulminanti per qualsiasi aspetto riguardi il gioco. Pietro acquista una pistola ad aria compressa e dopo un mese è il leader di una squadra di paint-ball che partecipa ai campionati, a ottobre ritrova un trenino di quand'era piccolo e in primavera una stanza di casa è occupata da un plastico enorme, scopre l'aeromodellismo radiocomandato e diventa promotore della costruzione di un'aviosuperficie in miniatura, dove lui si presenta con la tuta da pilota e il casco: è solo meno noto di Peter Pan, perché gli venga intitolata una sindrome.

Mentre sono a casa sua, accenno al mio desiderio di provare a far musica col computer ma, non avendo un campionatore, non c'è molto da fare; Pietro non sa di cosa si tratti e glielo spiego, *una specie di macchina fotografica per il suono* e bla bla, per come sono abituato a illustrare il concetto. Lui mi fa: «Ah, si chiama campionatore?», e sparisce in un'altra stanza. Ritorna dopo un paio di minuti con in mano una scatoletta nera: «Quando l'ho comprato pensavo fosse un'altra cosa: te lo regalo, io non lo uso», e mi porge un campionatore per Amiga: quello che accade è qualcosa che di solito appartiene all'universo cinematografico, lo si vede continuamente nei film, quando per esempio al protagonista serve un crittografo militare e scopre che il vecchietto con cui gioca a scacchi al parco è un luminare in materia. Ma che io spieghi a Pietro cosa sia un campionatore e lui dopo cinque secondi me ne regali uno è una cosa che non capita manco nei fumetti di *Richie Rich*: evidentemente è un segno, e riceverlo da Pietro Bini ha uno specifico valore esoterico che, in qualche modo, grazierà il mio percorso.

Il campionatore in questione è una scatola delle dimensioni di due pacchetti di sigarette, con una manopola per il volume e una presa jack per attaccarci il giradischi, il cd o quello che serve, ha una qualità discreta per gli standard dell'epoca ed è davvero facilissimo da usare. Ora mi occorre un programma per campionare e un sequencer, su cui comporre una base mettendo in sequenza i campionamenti come dei mattoncini; oggi la composizione avviene usando sequencer molto evoluti, che permettono di collocare i suoni proprio come delle costruzioni Lego, ma io dispongo solo di Octamed, sequencer brutalista fatto di colonne di lettere e numeri che scorrono veloci sullo schermo, e in pratica comporre la prima base è come scrivere quella fitta pioggerellina di caratteri verdi di *Matrix*. Il risultato è un esperimento, perché devo imparare a usare bene il programma, ma è abbastanza per confrontarmi con Cesare e Luca: il primo, interventista, dice che dobbiamo andare al Sound Studio e realizzare il pezzo al volo, mentre Luca, solitamente più per una guerra di trincea, annuisce. D'accordo, registriamo il pezzo e vediamo poi che farne, ok? Siamo tutti d'accordo e così formiamo la VLV Posse. Il nome, pubblicamente declinato in *Virtual Loud Voice*, deriva da un ben più prosaico *Viva La Vagina* ed è con un certo imbarazzo che rendo partecipe il pubblico di questo retroscena. A quel punto serve sapere quanto sarebbe costato produrre il pezzo, chiediamo ai ragazzi dello studio e la risposta è *un milione*: perfetto, pure il Signor Bonaventura ci potrebbe produrre. Non è una cifra enorme e unendo le risorse ce la possiamo permettere ma, siccome riteniamo che il contributo di ognuno di noi vada riconosciuto, buttiamo giù un documento in cui dichiariamo costituita l'associazione VLV Posse, di cui Cesare, Luca e io siamo gli unici membri. Su quel foglio dichiariamo che i proventi risultanti da un'eventuale vendita saranno ripartiti nella misura in cui ognuno ha partecipato, stabiliamo le quote e firmiamo. Bello, perché completamente inutile. Per il Codice civile un'associazione è per definizione un ente non a scopo di lucro, mentre il lucro appare come cardine del nostro accordo: e dire che in Diritto privato ho preso 27. Tuttavia, la bellezza di quel foglio stilato in tre copie sta proprio nella veste di perfetta inutilità giuridica che abbiamo dato a quell'impegno preso con passione. Una volta firmato, non l'avremmo mai più riguardato. Dall'esperimento recuperiamo il beat, che ho campionato da un disco di *Breaks & Beats* di Simon Harris, il basso e la chitarra li suonano i ragazzi del Sound Studio; per il ritornello Cesare tira fuori un cd di Sly and the Family Stone e insieme scegliamo *You Can Make It If You Try*, che ci calza a pennello.

ULTIMATE BREAKS & BEATS

I dj padri della cultura hip hop, come Kool Herc, Bambaataa, Flash, sono famosi per aver scoperto, nascosti all'interno di dischi sconosciuti, i break di batteria, che abbiamo capito essere il *ground zero* dell'hip hop. I dischi da cui provengono non li conosce nessuno ma, dopo averli sentiti suonare da questi dj, tutti vogliono improvvisamente ballarli. Dato che il successo di un dj è dettato dalla musica che mette, chi trova un break ha tutto l'interesse a tenere per sé la scoperta, per impedire che altri lo usino e gli rubino l'esclusiva e quindi le serate: Afrika Bambaataa, nonostante sia molto generoso con chi ritenga meritevole, ha inventato un ottimo metodo per scongiurare la concorrenza. Immerge i dischi in acqua tiepida, ne stacca le etichette rotonde di carta e le scambia tra loro, avendo l'accortezza di applicare a ogni break il centrino di un disco fiacco, in modo che, se anche qualcuno butta l'occhio sui giradischi, poi impazzirà per trovare il disco sbagliato.

Col passare del tempo, tuttavia, di molti break s'inizia a conoscere la provenienza, e così dischi che erano rimasti per anni a impolverarsi nei magazzini dei distributori da un giorno all'altro diventano ricercatissimi e spesso vanno esauriti rapidamente. Breakbeat Lenny Roberts e Breakbeat Lou Flores sono due dj collezionisti, appassionati di *crate diggin'*, ovvero cacciatori di dischi che contengano al loro interno il tesoro di un break (l'espressione si riferisce all'atto di scavare nelle casse del latte, i contenitori che per dimensioni e robustezza sono perfetti per trasportare i vinili). Nel 1986, nel pieno della rivoluzione iniziata da Marley Marl con l'introduzione del campionatore nella produzione hip hop, i due iniziano a stampare una serie di compilation di brani musicali che contengono un break, gli *Ultimate Breaks & Beats*. Ogni volume contiene sei o sette pezzi, da James Brown ai Rolling Stones agli oscuri ESG, riportandone solo il titolo, mai il nome dell'artista, mantenendo un alone di protezione quasi massonica delle fonti, ma remixandoli in studio per prolungare la durata del break rispetto alle versioni originali. Ne verranno pubblicati venticinque volumi, tra il 1986 e il 1991, dando un impulso notevole alla creatività di una generazione di ragazzini a caccia delle radici della cultura che stavano continuando a inventare.

Ultimo tocco *lu marranzanu*, lo scacciapensieri siciliano, che suono io, tirandomi potenti stecche sugli incisivi; mi piace l'idea di aggiungere una radice personale da sommare a quella hip hop. Proprio nei giorni della registrazione, passano a trovarci a Castello mia cugina Vannina La Bruna insieme a marito e figlia, in transito verso la montagna; con Vannina ho un legame speciale fin da quando ero bambino e mi fa molto piacere quest'improvvisata, anche perché lei canta divinamente e, nel coro di famiglia sul terrazzo di Giacalone, la sua è una voce solista. Come la vedo ho una folgorazione: entrambi conosciamo *Setti fimmini e un tarì*, una filastrocca che zio Gino ci ha insegnato e che, nonostante risalga alla fine del Settecento, sembra proprio un rap; il testo è un nonsense, i bambini la cantavano per accompagnare i giochi (o magari è un antico messaggio ermetico e nessuno se n'è mai accorto), ma ha le stesse cadenze di un pezzo di Young MC e secondo me è perfetta come terza strofa. Vannina la rappa in un solo *take*, quello che sentite sul disco.

Il pezzo è finito e siamo proprio soddisfatti, sento che mi rappresenta in pieno e che ho una gran voglia di farlo sentire in giro, per vedere se piace anche agli altri. Mandiamo una cassetta a Luca De Gennaro, che quando la riceve mi chiama immediatamente. È convinto che *Faida* sia una bomba e la vuole proporre alla Irma Records, la casa discografica di Bologna con cui sta realizzando *Italian Rap Attack*, compilation che raccoglie tutti gli artisti partecipanti al festival di giugno alla Papessa: ci organizza subito un appuntamento con Umbi Damiani, il proprietario della Irma, e l'indomani la VLV Posse al completo si mette in macchina con destinazione Bologna.

La Irma ha sede dietro la stazione centrale, all'interno di un magazzino di distribuzione fonografica che rifornisce negozi in tutta Italia; ci accoglie Daniela Milesi, collaboratrice di Umbi e donna splendida, che ci assisterà quando do l'anno dopo dovremo discutere il contratto dell'album con la BMG Records: quel negoziato sarà molto diverso rispetto a quello che stiamo per affrontare con Umbi. L'ufficio è tappezzato di copertine dei singoli che la Irma produce, praticamente tutti dance; è una piccola etichetta che l'anno scorso ha avuto un grande successo con *Found Love* di Double Dee, dominatore incontrastato dell'estate 1990 e già un classico nel '91, ma, nonostante questo, il loro profilo non è cambiato e le copertine le continua a disegnare Umbi (il quale ha una passione morbosa per il carattere Compacta Bold Italic, che usa per anni "perché si legge bene anche da lontano"). L'atmosfera è rilassata, si respira una confortante bolognesità. A Umbi e Daniela il pezzo piace parecchio e l'accordo lo concludiamo subito, di fatto accettando quello che ci viene proposto. Solo più avanti, quando avrò maturato sufficiente esperienza, avrò la conferma di aver firmato un contratto equo, tanto sul piano economico quanto su quello della cessione dei diritti, con persone che, come noi, ci tengono a far bene le cose, copertine a parte.

Già sulla strada del ritorno ci poniamo il problema, la Irma è abituata a fare dischi dance, per molti dei quali l'importanza della copertina è relativa, ma *Fight da Faida* è differente, è importante dare un messaggio anche attraverso la grafica, creare un'immagine che sia d'impatto e, secondo la scuola di Umbi, *leggibile da lontano*.

Penso subito a Igor Castiglia di Torino, che è bravissimo a dipingere e assomiglia ai *puppet* che disegna; writer e breaker del Regio, ha ballato in coppia con Maurizietto fino a quando non s'è rotto i legamenti del ginocchio, incidente che lo ha costretto a una lunga pausa forzata, durante la quale ha potuto concentrarsi sulle bombolette, esprimendo un altro grande talento. Di tutti i ragazzi del Regio, è quello con cui ho legato subito, si parla di un sacco di cose oltre all'hip hop e spero proprio che sia disponibile, perché l'uscita è prevista per gennaio e abbiamo poco più di un mese.

Lo chiamo appena arrivo a casa, raccontandogli del pezzo, dell'accordo concluso e della copertina che vorremmo realizzasse lui. Igor risponde laconico: «Se mi piace il pezzo, te la faccio».

Corroborato da tanto frizzante entusiasmo, faccio lo zaino per Torino, dove ho appuntamento con lui per fargli ascoltare *Faida* e capire se c'è qualche chance per averlo al lavoro sulla copertina. L'incontro è fissato a casa di mia nonna Rina, che a ottantasette anni continua a vivere da sola, separata da nonno Gigi da quando c'è stata una riforma a consentirlo e progressivamente auto-esiliata in casa, insieme alle sue colture idroponiche (di soli *ficus*, purtroppo). Ascoltiamo il pezzo tre o quattro volte, ne parliamo per un'ora abbondante e alla fine Igor acconsente. Ci lavora un paio di settimane, sviluppando il concetto grafico in completa autonomia, realizzando un grande disegno per il fronte e uno più piccolo per il retro.

Stimando altissima l'affidabilità delle Poste, gli originali ce li andiamo a prendere Luca e io. Igor ha creato un capolavoro e, nonostante sia in bianco e nero (l'unico vincolo che la Irma ci ha dato, per contenere i costi di stampa), il disegno rispecchia perfettamente lo spirito della canzone: ci sono io bambino (ma con quei capelli a cazzo che vi dicevo) mentre attacco con un megafono una gigantesca piovra che sta stritolando i monumenti simbolo dell'Italia. Sul retro titoli, saluti ad amici (con l'imperdonabile omissione di NextOne, scusa, Mauri), ringraziamenti vari e i *puppet* di Luca, Cesare e me, con i rispettivi pseudonimi: se per Luca Conti, detto Gommone, abbiamo lavorato di fino per tirare fuori LC Zodiac, quel saccone di Cesare, con grande naturalezza, è diventato Sak 1 in un attimo. Purtroppo Igor non fa in tempo a realizzare la porzione *"Fight da"* del titolo e dobbiamo rimediare stampandola a casa di un amico di Castello che ha una *stampante laser*, un rivoluzionario e costosissimo metodo di stampa appena arrivato.

Quando andiamo a Bologna a consegnare i materiali, Umbi ci allunga un paio di *white label* di *Faida*, stampe di prova del vinile con il centrino bianco: lo metto sul piatto e suona fortissimo, perché Marco Capaccioni ha fatto un ottimo lavoro. Un attimo prima di toglierlo, con la mano lo mando avanti e indietro tre o quattro volte, così, per il puro piacere di poter scratchare la mia stessa voce.

36

Fight da Faida è nei negozi a gennaio e inizia a vendere qualche copia, Umbi ha deciso insieme a Luca De Gennaro di inserirla nella compilation *Italian Rap Attack,* perché, anche se non avevo cantato, il legame con quel festival padovano è forte. Mentre le radio cominciano a passarla e si moltiplicano le telefonate di amici e parenti a ogni avvistamento, la Irma organizza uno showcase presso la discoteca Paradiso di Rimini, dove Igor mi raggiunge e ci esibiamo insieme: io rappo e lui balla. Ricordo che quella sera un improbabile quartetto, costituito da me, Igor, Luca De Gennaro e Dj Gruff, si siede al tavolo di un grande hotel di Rimini, per scroccare la cena durante un banchetto per la campagna elettorale, in occasione delle Politiche 1992 che avranno luogo di lì a un paio di mesi; è in questa occasione che, prima di iniziare, conosco Red Ronnie, candidato nelle liste del PSI: poi, per restare in tema, mangiamo.

Dalle riprese effettuate quella sera al Paradiso Umbi fa realizzare un video, in cui le sequenze mie e di Igor sono miscelate con immagini di repertorio di stragi di mafia, scontri in Palestina e telegiornali. Il regista ha l'intuizione di far scorrere in un sottopancia tutto il testo della canzone e nel finale piazza un campionamento pirata tratto da *Gli intoccabili,* con De Niro nei panni di Al Capone che dice ai giornalisti: "Ah, aspè. Voglio dirvi ancora una cosa: questo è un incontro all'ultimo sangue, aspettate la fine, uno solo resterà in piedi. È così che saprete chi ha vinto". Videomusic lo mette in rotazione e le radio aumentano ogni giorno, da quelle più alternative, appartenenti a Popolare Network, alla Rai, ai network commerciali come Radio Deejay e Radio Italia Network.

La prima apparizione televisiva è su Telemontecarlo, in un programma condotto da Linus, Franz Di Cioccio e Fiorello, che quando vede come Luca tiene legati i capelli in una coda impazzisce e lo mostra a tutti dicendo: «Ecco, mo' me li faccio crescere anch'io i capelli!», e si dimostra un uomo di parola.

Passa ancora qualche giorno e chiama Luca De Gennaro, che raggiante mi recapita l'invito per andare ospite ad "Avanzi", il varietà satirico condotto su Rai 3 da Serena Dandini, di cui è appena iniziata la seconda stagione ma è già un cult delle proporzioni di "Quelli della notte" e "Indietro tutta".

La mattina in cui Igor e io arriviamo a Roma, ci presentiamo davanti a una bella palazzina liberty in zona Vaticano, dove ci accoglie Serena Dandini in pigiama, brandendo una caffettiera; non ancora del tutto sveglia, ci presenta il suo compagno Lele Marchitelli, bassista e coordinatore musicale della trasmissione, nonché coautore del paleo-rap del 1984 *Roma di notte*, insieme ad Antonello Fassari che è anche lui nel cast di "Avanzi". L'arrivo in studio è emozionante, come lo è trovarmi sul set del mio programma preferito, salutato da Corrado Guzzanti, Francesca Reggiani e Fassari, che indossa una maglietta dei Public Enemy e mi viene incontro, abbracciandomi. In un corridoio incrocio Sabina Guzzanti, truccata da Moana, è bellissima, di una sensualità prorompente e, per mettermi a mio agio, mi chiede sbattendo le ciglia: «Frankie, ma tu, ti tocchi?».

L'outfit che ho scelto per la trasmissione prevede un bomber verde, con applicata una toppa a tutta schiena dipinta da Igor, che mi ritrae mentre salto su un mappamondo, jeans con fascia laterale (anche questa di Igor), con dipinta la scritta FRANKIE HI-NRG MC per tutta la lunghezza della gamba, maglia Air Jordan e Reebok Pump.

Durante l'esibizione cammino su e giù per il piccolo palco, tipo orso del tirassegno, senza curarmi troppo delle telecamere, e la regista del programma fa quello che può per inseguire me da una parte che scappo continuamente, e Igor, che rotola sulla schiena in giro per il pavimento dello studio.

L'esibizione è potente, quando la vedo sono sul divano di casa, la formazione è padre-figlio-madre-con-gambe-raccolte e l'atmosfera è incandescente. Germana per tutto il tempo non fa altro che dire: «Ma perché ti tocchi sempre l'uccello? Controlli se c'è ancora? Io te l'ho fatto attaccato!», non apprezzando evidentemente quel côté della gestualità hip hop, mentre Giovanni sorride un po' malinconico, perché ha già capito che l'università dovrà proseguirla da solo. Quando finisce ci abbracciamo, tutti e tre, ci stringiamo forte, in mezzo a quel salotto che ha sempre viaggiato con noi, rimbalzando da nord a sud, testimone muto della nostra vita. In quel salotto inizia la carriera di Frankie hi-nrg mc, che appare simultaneamente in centinaia di migliaia di altri salotti, facendo parlare le persone, *senti che bravo questo, minchia come gira sulla schiena il biondino,* e soprattutto: *ma chi è 'sto cretino col ciambellone in testa?*

37

Uno di questi salotti è a Senigallia, dove Fabrizio Tarducci ha quindici anni e scopre il rap vedendomi ad "Avanzi". In un'intervista del 2018 farà una descrizione minuziosa della mia performance, che lui ha anche videoregistrato e riguarda al ritorno da scuola, avanti e indietro.

Dopo la crisi del 2000, con la reciproca perdita d'interesse tra una scena troppo sfilacciata e il mercato, sarà lui ad avere il talento di far puntare nuovamente i riflettori sull'hip hop e, grazie al lavoro di Paola Zukar (la Russell Simmons italiana), a diventare per tutti Fabri Fibra.

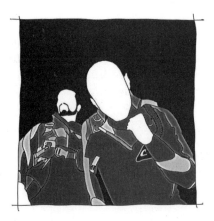

38

Nel marzo del 1992, al Palasport di Torino si terrà La Notte dei Marziani Italiani, primo grande raduno di tutta la nuova musica alternativa. Sul palco, ai piatti, ci sarà Luca De Gennaro (Dj Cifra) e canterò, oltre a *Fight da Faida*, anche *Libri di sangue* e *Disconnetti il potere*, appena scritte, ma ancora mai registrate.

La mia improvvisa comparsa sulla ribalta con un pezzo di successo attirerà l'antipatia di una parte della scena italiana, che mi vedrà – forse giustamente – come un outsider dell'hip hop troppo in evidenza. La mia risposta è rappresentata da *Faccio la mia cosa*, il singolo che lancerà *Verba Manent*, il mio primo album.

Una curiosità: *Entro*, la traccia introduttiva di *Verba Manent*, si apre con un campionamento tratto da *Una voce dalla luna*, il disco che mi è stato regalato quando sono nato. È una scelta dettata dal semplice piacere di pensare che il mio primo disco inizi col mio primo disco.

Ancora tre mesi e verrò chiamato ad aprire due date del tour italiano dei Run-DMC (cioè io canto, quando ho finito scendo e al mio posto salgono I RUN-DMC, che purtroppo non si può scrivere più maiuscolo di così), e qualche anno più tardi anche un concerto dei Beastie Boys.

39

Giovanni interromperà a lungo gli studi universitari, si darà alla libera professione e diventerà prima consulente aziendale, poi scriverà e terrà decine di corsi di aggiornamento per le piccole e medie imprese, trasferendo ad altri le conoscenze maturate nel corso di una vita. Come hobby, tra un corso sul metodo kanban e un seminario sul modello Toyota, troverà il tempo di imparare l'etrusco. Si laureerà nel 2003 con una tesi sull'organizzazione aziendale. Morirà a Città di Castello nel 2005.

40

Germana, nonostante esca veramente di rado, è documen-
tatissima su tutto, tutti e legge libri a nastro. Dopo la morte
di Giovanni, un leggero ictus le darà il pretesto per uscire
ancora di meno, ma resterà sempre lucida e tagliente, estre-
ma risorsa quando un dubbio su un termine o su un evento storico mi assalirà (rispondendo con stupore indignato:
«Francesco... ma come... siamo nel Settecento! C'è già stato il Trattato di Ratisbona!»).

Morirà a Città di Castello nel 2012: nel suo ultimo giorno
di lucidità, non riconoscerà me, ma una citazione di Epicuro.

Backstage

È stato un percorso sensoriale a farmi diventare ciò che sono oggi, e la musica ha giocato un ruolo fondamentale. Come per tutte le arti, non ci si può limitare a descrivere una canzone, per comprenderla è indispensabile vivere l'esperienza offerta dall'opera stessa, ascoltandola e facendola propria.

Durante la scrittura di questo libro, ho deciso di aggiungere delle estensioni sensoriali sotto forma di QR code, proprio per aiutare il lettore a immergersi nell'atmosfera del periodo e sperimentare alcuni di quei brani che mi hanno influenzato.

Le illustrazioni sono libere interpretazioni, tracce evanescenti che si limitano a indicare una direzione, un ricordo di immagini che ognuno, se vorrà, potrà scoprire in completa libertà.

Per realizzare questo libro ho disturbato più di un amico, anche solo per confermare un ricordo, ricevere un consiglio o chiedere un racconto e, con l'amara certezza di tralasciare qualche nome, provo a ringraziarli tutti. In ordine più che sparso, grazie a Emilio Bianconi, Lorenzo Mercati, Carolina Galbignani, Franco Magnani, Igor Castiglia, Andrea Rivetti, Luca Conti, Cesare Bianconi, Maurizio Cannavò, Daniela Milesi, Luca De Gennaro, Corrado Fortuna,

Fabri Fibra, Stefano Rocco, Margherita Trotta, Francesco Cellamaro, Simone Marchi, Andrea Polidori, Ricky Russo, Paolo La Bruna, Angelo Patuano, Claudio Boriosi, Sarah Bonsangue, David Nerattini, Annabella Sciorra, Raffaele Rizzo, Joseph Sciorra, Federico Ferretti, Sergio Messina, Alberto Brizzi, Paola Zukar, Francesco Cozzolino, Marco Capaccioni, Jadel Andreetto, Luca Miniati, Umberto Damiani, Alessandro Sanna, Renzo Cognini.

Infine, se vi dovesse capitare di fare un viaggio a New York, il mio consiglio è di prenotare un'escursione con HUSH Tours (www.hushtours.com), in cui sarete accompagnati da Grandmaster Caz in persona alla scoperta dei luoghi in cui l'hip hop è nato e potrete conoscerne la storia dalla viva voce di un veterano. E alla sera, per ritemprare le forze in uno spicchio di casa nostra nel centro della Grande Mela, andate a trovare lo chef Michele Casadei Massari alla Lucciola (www.luccionlanyc.com), e sarete accolti da una cucina squisita e dall'ospitalità romagnola che lo contraddistingue.

Buon viaggio a tutti.

MISTO
Carta da fonti gestite
in maniera responsabile
FSC
www.fsc.org FSC® C115118

Mondadori Libri S.p.A.

Questo volume è stato stampato
presso ELCOGRAF S.p.A.
Stabilimento - Cles (TN)

Stampato in Italia - Printed in Italy